Marcel NUSS

LES RUNES DE L'AMOUR

Édition : BoD – Books on Demand, info@bod.fr
Impression : BoD – Books on Demand,
In de Tarpen 42, Norderstedt (Allemagne)
Impression à la demande
© 2022 Autoéditions – Marcel NUSS
Dépôt légal : juillet 2022
Couverture : Jill NUSS
ISBN : 978-2-3224-3723-8

Le Code de la propriété intellectuelle n'autorisant, aux termes des paragraphes 2 et 3 de l'article L. 122-5, d'une part, que les « copies ou reproductions strictement réservées à l'usage privé du copiste et non destinées à une utilisation collective » et, d'autre part, sous réserve du nom de l'auteur et de la source, que les « analyses et les courtes citations justifiées par le caractère critique, polémique, pédagogique, scientifique ou d'information », toute représentation ou reproduction intégrale ou partielle, faite sans le consentement de l'auteur ou de ses ayants droit ou ayants cause, est illicite (article L. 122-4). Cette représentation ou reproduction, par quelque procédé que ce soit, constituerait donc une contrefaçon sanctionnée par les articles L. 335-2 et suivants du Code de la propriété intellectuelle.

DOJO

Fluette et forte
belle et légère
le cœur en feu
le corps en vie
la chair en fête
et
l'âme à nu
dans un kimono stellaire
le sabre entre ciel et terre
entre le firmament et l'Infini
elle
écrit une prière emplie de Mystère
au fronton d'un temps suspendu
à son ardeur pleine de ferveur
Elle
féconde l'amour
avec la puissance jouissive
d'un orage sur le Fuji-Yama
ou
d'un éclat de lune
au-dessus de Stonehenge
Elle
elle ou son âme
enchante la chair
en riant l'amour
tant et si bien
que
la désolation se fait seppuku

Dieu
vibrer au rythme de ses sens
et
de ses seins
charnels et éclairés
pour
jouir d'exister

respirer
respirer sereinement
et
grandir à soi-même
Le bonheur est-t-il inscrit dans les étoiles
ou
dans un dojo qui se dévoile
au son d'une harpe celtique
?

INCARNATION SPONTANÉE

Une voix qui chante et enchante avec son petit accent enraciné dans un Levant herbu, un petit accent à la saveur lactée comme la voie ou comme la vie, peut-être les deux, probablement même. Une voix qui enveloppe et caresse et enflamme le cœur, l'âme, le corps et l'esprit. Avec la délicatesse d'une nymphe incarnée et sensuelle. Un appel des sens autant que du sens. Où les sens ont du sexe et le sexe a du sens.
La vie alors surgit et s'engouffre dans l'aspiration de leur destin. Et la raison se tait devant la force de l'évidence. Car, lorsque la chair attise l'essence, il faut aller au festin.
Et le désir sourit. Et le désir rit. Et le désir s'immisce et sourd entre leurs mots qui s'enlacent. Et sa chair palpite à elle-même, à travers lui dont le corps brusquement déploie l'envie. Et le cœur s'agite. Et l'esprit revit. Pendant que l'âme s'interroge sur la substance de leur confluence.
Tant les relie par-delà l'espace et le temps. Irrésistiblement. Étrangement.
Tant les surprend délicieusement. Intensément.
La chair appelle la chair comme la Terre appelle le Ciel.
Sortir de l'enfer pour aller au gré de ses ailes.
Quand le temps est venu, il est temps de remonter l'avenue qui vous écrit sur la crête d'un horizon infini.
Quelle hérésie d'ignorer l'appel de la Vie !
Quand seront-ils nus ? Totalement nus ? Les corps en rut et l'âme éperdue...

PÉNÉTRATION INTENSE

Quelle est cette nudité habillée de la tête aux pieds ?
Quelle est cette humanité dévêtue de la chair à l'âme ?
Quel ce désir qui soudain éclate et soupire après l'espérée ?
Quelle est cette volupté qui s'étend à la vitesse d'un feu d'été ?
Quelle est cette évidence qui défie toutes les apparences avec élégance ?
Quelle est cette attirance qui confine à l'insolence tant même le silence est charnel ?
Quelle est cette vibration sensuelle jaillie de l'horizon comme une fulgurante émotion ?
Quelle cette voix à la jeunesse limpide qui s'égaie vers l'aimant avec la foi d'un cœur intrépide ?
Quelle est cette faim incandescente et irrésistible de plonger au plus profond d'elle comme dans un bain de lave exubérante ?
Quelles sont ses sexes qui s'attirent et s'enflamment dans un souffle que l'amour présage avec l'ardeur d'une fugue sublime ?

    Jouir jusqu'à l'abandon, jusqu'au rien, jusqu'au vide où les corps touchent le sens de leur corporalité retrouvée.
    Jouir dans un cri incarné.
    L'Amour est un orgasme où la Vie peut se déployer.

49 ANS

Et ce cœur printanier
et ce corps assoiffé
et ce regard éclairé
et cette chair éveillée

Elle a l'âge d'une sagesse en goguette
l'âge de son rire
ce rire qui cascade

à profusion
sur la vie et l'amour
et
le désir
de chair en fête

Elle a l'âge de ses sens
s'ouvrant à l'essence de l'être
qui s'étonne
et
s'offre
avec la légèreté d'un corps naissant
à l'amant
aimant

Elle a l'âge de toutes les libertés
l'âge d'oser la vie
et
l'amour
l'amour de la vie
et
la vie de l'amour

Elle a l'âge de découvrir
de s'apprivoiser
et de s'aimer
dans le creux dansant
de l'aimant
au désir exaltant

Et ces cœurs éblouissants
et ces corps affamés
et ces regards effervescents
et cette chair révélée

LE MANQUE

Ces yeux que grignote la mémoire
ce regard qui se fond dans un horizon trop lointain
ce regard éperdu comme perdu dans le trop
le trop qui les sépare et les rapproche tant
et ces lèvres si ardentes qui embrassent l'absence
Et ces seins hors de portée d'un baiser impromptu
et ce corps qui se dérobe à la chaleur d'une main tendue
et ce sexe qui respire loin du souffle qui les conspire
orchidée qui se fane privée du rire de son soleil profane
et cette chair qui s'écrie et s'élance vers des caresses évanescentes
tout sens dehors tout sens dessus dessous
Et lui
et lui qui l'attend et lui qui l'espère
tout autant qu'elle tout autant qu'elle
le regard implorant les lèvres orphelines le corps en apnée le sexe affolé la chair hoquetante
la chair et l'essence oppressées par les sens débordés
Le manque
connaissez-vous le manque de l'aimée
le vide exacerbé de l'éloignement et de l'attente
de l'attente
de ses mains de ses bras de son corps de sa bouche de ses yeux
de ses seins de son sexe
de tout
de tout ce qui fait elle
de tout ce qui fait lui
de tout ce qui fait eux
sur la vague de leur Amour
sur les flots de leur Désir
Ce manque qui les maraude
ce manque qui les conjugue
Et les retrouvailles qui les exaucent
en une collusion débridée
ah les retrouvailles !
Après le manque qui les a rapprochés

PRENDRE INTENSÉMENT

Je te prendrais sur un pétale de rose. Je te prendrais sur une branche morose. Je te prendrais sur une couleur d'arc-en-ciel ou peut-être sur un coin d'horizon tout chose. Je te prendrais toute nue sous un saule rieur. Je te prendrais sans coup férir ni aucune candeur. Je te prendrais sous le coup de l'émotion. Je te prendrais sous un jour nouveau. Je te prendrais sous un croissant de lune au beurre d'alouette. Je te prendrais avec les égards de circonstance. Je te prendrais avec l'élégance d'un hussard qui danse. Je te prendrais avec l'ardeur qui s'impose. Je te prendrais avec la ferveur que je suppose. Je te prendrais avec entrain. Je te prendrais contre vents et marées. Je te prendrais *a contrario*. Je te prendrais à contretemps, à contresens, à contre tout. Je te prendrais à contre-jour cul au vent et fleur en poupe.

Si tu n'étais pas aussi loin de mon jardin. Si tu n'étais pas à des kilomètres de mes yeux sans tes cieux. Si je n'étais pas plâtré de la tête aux pieds et des pieds à ma queue de pie piaillant.

J'ai envie de toi. J'ai envie de te donner ma vie, mes envies, mes rêves, mes délires, mes fantasmes, mes soupirs, et aussi mes rires, mon présent, mon avenir, mes mots, mes silences, mes errances, mes connivences, mes danses, mes pénétrations, mes excitations, mes interrogations, et tout le reste, tout ce qui est à portée de cœur et de chair, et dont tu aurais envie. J'ai envie que tu me désires. J'ai envie que tu me soupires sur le tumulte du tant. J'ai envie de toi, abondamment.

J'aimerais te manquer intensément. J'aimerais te manquer à cœur battant et corps tremblant. Et toi ?

JULIETTE

à Juliette, ces vers qui esquissent
une femme

Une tignasse qui s'enlace
et trace des espaces échevelés
autant qu'intenses
Un regard des yeux
qui semblent toujours un peu gênés
d'exister
de se trouver là à ce moment-là
devant vous
des yeux malicieux
et parfois étonnés
d'oser oser
s'exprimer
avec intelligence
avant tout
d'oser oser
avoir du sens
après tout

Juliette
grande fillette
femme végétale
qui dessine et peint
avec la frénésie de la vie qui s'élance et qui danse des
arabesques
sinueuses
à l'élégance mystérieuse
et toujours
en recherche d'un
sens en apnée
d'un sens qui s'interroge et se découvre
d'esquisses en esquifs
de récifs en ifs
à coups de crayon
à coups de corps à coups de cœur

à coups de cris
du cœur et de l'esprit
à corps et à cri
à cœur éperdu

Juliette
la vie se crée
la vie se croit
avec l'art
qu'insufflent tes
doigts
si juvéniles et vrais

ELLE EST AU NORD
à Éléonore, ce poème venu d'ailleurs

Elle est à l'Est
elle est à l'Ouest
demain ou un autre jour
elle sera peut-être au Sud
elle est ici elle est ailleurs
elle est de partout elle est de nulle part
elle est ce qu'elle veut
elle est ce qu'elle peut
mais elle est
comme ces reines qui chevauchent l'espace et le temps
qui chevauchent la vie par tout temps à toute allure
intensément
elle est l'amour elle est le feu elle est la vie elle est la mort
résolument
elle est d'abord le corps de ses sentiments
et le cœur de ses utopies
bravant la solitude et ses questionnements
elle chevauche le bonheur
comme ces reines qui réinventent la grandeur
avec l'entrain d'une affamée
de l'envie
l'amour en bandoulière
et l'instinct à vif

elle est au Nord
comme une étoile primevère

SEXE AU LOGIS

Tu m'as bite
comme
l'envie nous a bite
Alors va geins
ta jouissance cosmopolite
sur mon amarrage transalpin
et suce ce sexe si suave
sauce-le sauvagement
mais subtilement
de ta croupe caracolant soudain
sur cette queue
avidement candide
de ton con tellement abscons
qu'il en devient lumineux

BRAISE-MOI

Baiser cette femme qui halète
baiser ce corps qui se jette
baiser cette chair qui palpite
baiser ce regard qui m'excite
baiser ce sexe qui sécrète
baiser ces seins qui me guettent
baiser ces lèvres qui s'invitent
et cette langue qui s'agite
et ces reins qui se projettent
et ces sens qui allaitent
et cette croupe qui m'habite
et ce cœur qui gravite
autour de nos yeux
autour de nos vies

autour de nos voix
autour de nos joies
autour de toi et moi
autour de nous
braise-moi
braisons-nous
rut au vent
et
culs en l'air
gaiement

LA MAÎTRESSE

Elle travaille. Avec lui en elle. Tout en elle. Au cœur de ses pensées, au sein de son corps, au cœur de sa chair, dans la chair de son être. Elle travaille, elle écoute, elle écoute bien, très bien même, mais c'est lui qu'elle entend dans chaque parcelle de sa chair, de son âme. Et elle décompte le temps qui la rapproche de lui. Et le dernier client arrive et le dernier client repart et elle se lève et elle ferme la porte derrière elle et elle prend la voiture et elle prend la route. Vers lui. Vers cette chambre d'hôtel où il l'attend. Il n'attend qu'elle, elle le sait. Et elle ne veut que lui. Depuis qu'elle l'aime, depuis qu'elle le désire. L'a-t-elle d'abord aimé ou d'abord désiré ? Elle ne sait pas vraiment. Les deux sentiments se fondent et se confondent en elle. Ne font qu'un. Derrière chaque geste, chaque acte, chaque pensée, chaque élan, chaque mot. Après avoir bravé les aléas de la route, les bouchons et les travaux et les radars, elle se gare tant bien que mal dans cette ville infernale. De quoi gâcher le désir, le souffle du désir, s'il n'était pas aussi fort, impérieux même en elle, dans son bas-ventre et ses seins et le reste, tout le reste, tout, absolument tout. Elle est complètement pleine de lui.
Elle monte par l'escalier. Il l'attend. Lui ouvre. Illico. Comme s'il attendait derrière la porte. Elle l'enveloppe, l'aspire d'un regard si enflammé qu'il en est calciné en tous sens. S'accroche à son cou. Lui caresse la nuque. Pose ses lèvres sur les siennes. Et l'embrasse avec l'intensité d'un désir trop contenu et l'exaltation des retrouvailles. Cela peut durer, durer

une éternité d'amour ou se noyer dans l'ivresse des sens. Ça dépend d'elle ou de lui. Ça dépend de l'humeur de la lune, de l'Étoile polaire, des heures du jour et du temps. De la stridence de la brûlure de l'absence. Cela peut se consommer en une faim de dératés, assis, debout, couchés, ou s'étirer dans un enlacement élancé de sentiments, de sensations, de sensualité et de mots. Des bouquets de mots à satiété. Danse de deux corps denses. Chairs incarnées dans un désir de chair et de feu. Elle l'a dans la peau, dans le sang et l'essence. Il l'irrigue de haut en bas, de bas en haut, de fond en comble. Pendant qu'il cabote sur le flux et le reflux de l'ombre du temps d'un amour à deux-temps consentant. Il est l'heure. Déjà. Trop vite, trop tôt. Elle repart en sens inverse les sens en feu de joie. Son sexe, son corps, sa chair fourmillent encore de lui, d'eux. Est-ce cela l'amour ? Elle retourne à sa vie. À sa vie à côté, autre. Qu'elle ne veut pas quitter. Pour l'instant ?

Qu'est-ce qui l'attend ? Qu'est-ce qui les attend ? La vie assurément. Laquelle ? La vraie... Adelante !

VOUS SAVEZ QUOI ?

Elle est venue comme un miracle
elle est venue comme un oracle
le corps riant
le cœur un peu tremblant
à moins que ce soit l'esprit
un coin de son esprit doutant
mais si peu
et ses sens au vent
et ses sens ouverts
au désir et à l'amour
à l'amour et au désir
à la vie à la vie tout simplement
Sa chair palpite
au fond de ses yeux
et ses mains exubérantes
et ses lèvres gourmandes
et sa langue affolante
qui s'égayent à qui mieux mieux

Elle est venue comme un miracle
du fin fond des cieux
sur un horizon tellement bleu
qu'il charme l'infini
Elle est venue comme un oracle
donnant du sens à ce qui n'en avait plus
offrant de la vie de la chair et de la lumière
qu'ils aspirent et respirent à l'unisson
Elle s'allonge contre lui
en lui
s'inscrivant dans la voie qui les unit
et ce désir qui les relie
tant...

ACCOUCHEMENT

Cri intérieur
hurlement de douleur
hurlement muet
elle surgit en elle-même
à elle-même
dans un rougeoiement de sang originel
l'origine de sa vie
l'origine de son être
Être hêtre
en devenir
qui s'étire
en ramifications
aussi généreuses que douloureuses
Mais qui
se fond dans qui
qui naît de qui
l'être du ciel
ou
le ciel de l'être
?
La forme et le fond se pénètrent
en des distorsions ensanglantées
et vitales

pour engendrer
une femme végétale
qui se crée
elle-même
en sécrétant l'art
que la vie lui insuffle
ou
qu'elle insuffle à la vie
inspirée
par l'amour qui bouillonne
dans ses entrailles angoissées
Elle est
elle sera
sa propre sève
le sait-elle déjà

FEMME VÉGÉTALE

Libellule ou mouche ou femme qui s'accouche. Elle s'ouvre, elle s'étend, elle s'entend et s'offre à la vie qui l'attend. À elle-même. À l'amour. Au temps. Au devenir. À la maternité. À la maternité de l'art et de la vie. Elle est tant et ne le sait pas encore. Pas vraiment. Mais elle a le temps. Son corps se déploie. Nu comme au premier jour, humble et fragile comme le bonheur qui la conspire.

L'à-venir l'attend, infini et limpide. Elle s'envole vers lui. Craintive et maladroite. Créative et adroite. Au-dessus d'elle, l'horizon céleste l'aspire. Elle ouvre les bras. Et s'envole. Doucement. Pendant que, au cœur d'elle-même, l'horizon intérieur l'inspire. Abondamment.

    La vie n'est rien d'autre que l'art d'être. Soi. Animal ou végétal ou spectral ou humain ou divin...
SOIS
TOI
!

ÉTEINTE

Chair
éteinte
elle est atteinte
dans cette douce humanité
qui lui échappe par la trappe
d'une intermittente adversité
Atteinte
elle est éteinte
dans cette chair
si chèrement revenue d'une mort-sûre
comme pour mieux sourire à la vie
comme pour mieux rire à l'envi
d'un corps qui s'épanouit
par à-coups
Éteinte sa lumière tinte toujours
de l'aube au crépuscule
d'une vie qui accourt
vers une vie au long cours
sans fausse teinte ni discours
Lumière donc !

JAMAIS

Jamais de fleurs sur la Lune
de jour sans nuit
de vie sans eau
jamais mon corps ne courra dans le décor de nos bras
dans la forêt de nos élans dans la fenaison de nos désirs
jamais mon sexe ne plongera libre de toute entrave impromptue
dans la profondeur intense de ton con en fleur d'envies
jamais la vie n'oubliera la mort qui nous construit
dans les abords fructueux de nos cœurs épris
jamais de corps sans chair

de chair sans douleur
de douleur sans lumière
jamais d'eau sans pluie perlant d'un ciel changeant
comme la vie le regard ou l'ennui surgis de toute chose
jamais de spontanéité dans le fil du mouvement
la liberté est à l'intérieur d'une vérité ingrate probablement
jamais l'espoir ne sera éteint par l'éternité d'un chagrin
qui aurait oublié de respirer l'amour
puisqu'elle est
le jour et le lendemain et le sens
et l'essence et le présent
d'un festin à jamais vivant

TOUJOURS

Toujours cette étreinte de nos cœurs
réjouis de se toucher
de nos corps étonnés de s'inspirer
et de s'aspirer dans la chair indicible
de l'impossible
cet impossible où
la spontanéité des esprits se nourrit
de la spontanéité des sens
dans un mouvement immobile
et désirant
Toujours l'entrelacs de nos rires
qui tissent la toile du bonheur d'aimer
à travers l'inventivité des cœurs
la force de vie et la puissance d'être
Encore et toujours être dans les limites infinies du soi
par-delà le paraître pour ne pas disparaître sans foi
sous le chaos de l'amertume de ce qui n'a pas été
pas été
Toujours chercher et trouver la lumière dans l'obscurité
le mouvement dans l'immobilité le sens dans l'inanité
afin d'éclairer l'ardeur enflammée de nos sexes appariés
sur le lit de nos confluences par-dessus tout
Toujours
encore et toujours

être pour aimer
ou aimer pour être
et désirer
malgré tout
et à jamais
Seule la mort est handicapée...
Viens
dansons
l'étreinte de nos baisers

ELLE EST NUE

Elle est nue
moi aussi
ou peut-être pas
pas tout à fait
pas entièrement
mais disons qu'elle est nue
et moi également
Elle est en joie
je suis en rut
je suis envie
elle est envol
nue elle danse dans l'herbe rase
comme sa toison virevoltante
sous mon regard qui chavire et tangue le tango du désir
celui où
une bite broute
dans un con en délire
de vie

LA PRENDRE

La prendre ici ou là-bas ou ailleurs mais sans attendre, debout, couchée ou en levrette, libellule ou alouette. Qu'importe mais la prendre, nue ou habillée, dans un bain ou un fourré. Et l'apprendre par cœur et à fleur de peau. La prendre avec une

ardeur impérieuse et profonde. Plonger dans l'absolu incarnation du plaisir. Pour jouir *de profundis*. Au rythme élancé de ses gémissements patentés. La rejoindre à coups de reins, à coups de cœur, à coups d'envies afin de l'oindre de plaisir et de vie.
La prendre et l'explorer de fond en comble. La prendre et la savourer avec la fougue du manque débridé. La prendre pour l'exaucer. La prendre pour l'encenser. Pour déverser tout son saoul de désir dans un souffle éclaté. Reconnaissance des sens, reconnaissance de l'être. Amour. La prendre d'amour. Le feu érigé à craquer dans sa conque béante et béate. Le cœur vaincu. Le corps tendu. La prendre et se laisser aspirer autant qu'inspirer par sa sensualité vorace ou sa voracité sensuelle. Se laisser prendre. Pour mieux se faire surprendre.
La prendre pour être pris. Le jour ou la nuit. Lorsque le blé faseye sous la langue du vent.
La prendre par tout temps.
Et chevaucher le plaisir d'exister dans la griserie des sens. Lorsque la confluence des corps influence la connivence de la chair.
La prendre afin de se laisser pénétrer. Au plus profond de soi. Par le plus infime d'elle. Emporté par l'intensité d'un plaisir partagé. La prendre et oublier. Tout oublier. Sauf le bonheur d'aimer.

SALADE

Con penser
il faut
con penser
lorsque l'aimé le désiré l'attendu
est une incarnation de l'absence
Il faut alors composer
une salade sensuelle gorgée de désir
au gré des saisons et de ses sens-cris
La recette est très simple :
prendre une ou deux belles carottes deux ou trois oranges et
une belle courgette
les éplucher délicatement

(il faut toujours être délicat avec ce qui donne du plaisir)
(toujours)
puis
avant d'y rajouter de l'huile du vinaigre du sel de l'échalote
voire de la tomate de l'avocat
des pétales de fleurs et beaucoup d'amour
le tout en vrac
tremper alternativement à tour de rôle à tour de joie même
carottes et courgette
d'une main alerte et habile
dans un bol de vie conquise
et baratter résolument
afin de leur donner plus de goût et d'allant
cela réjouit les carottes et la courgette
mais aussi la main et le corps
alouette ludique alouette
tout en imprégnant simultanément de l'autre main de jus
d'orange doucement pressée
le bout des seins le contour d'un con absolument décomplexé
et tout ce que vous voulez
pour offrir davantage de saveurs
à des invités médusés devant tant d'ardeur
au moment de l'heure de vérité
quand on peut se régaler à satiété
sans connaître les dessous
de la cuisinière amoureuse...

COMME

Comme un papillon sur l'épaule
comme un souffle de vie au parfum de rose
comme une nuit étoilée par ses yeux en prose
comme elle et moi comme nous
comme l'amour qui nous compose
au cœur de nos cœurs enlacés
Léger et frais
le bonheur vole entre nos draps
telle une nuée d'hirondelles
Savez-vous qu'elle est belle

douce dansante drôle débridée
débridée
et délivrée
ou presque
des scories d'un passé décomposé
Comme une source imperceptible
comme un désir délectable
comme un amour qui s'invite au détour d'une table
comme un bonheur atypique que rien n'arrêterait
comme elle et moi et nous
la vie naît dans l'écho de notre chair
debout

SUR UN NUAGE

Faire l'amour sur un nuage
duveteux comme ses seins
tantôt sous les étoiles et la lune et le silence de la nuit
tantôt sous le soleil et l'infini et l'Infini
Libres et heureux
légers et délicieux
comme un zéphyr incarné
par leurs esprits libérés et malicieux
Corps à cœurs aériens et frais
où les auras se fondent et se confondent
en un chant d'ondes et d'amour entremêlés

la Vie et la Jouissance sont éternelles

Sur le lit laiteux du nuage
il la pénètre sans ambages
traversé par un vol de tourterelles en voyage
Enfin il la pénètre à tire-d'elle
les ailes au vent d'une Vie ravie
et si vive et si vaporeuse
Avez-vous entendu
le gémissement de plaisir
qu'elle a émis tel un souffle dans les roseaux ?
Savez-vous que la nature jouit
au gré des appariements d'âmes ?

L'éternité est sur un nuage...
Et notre amour aussi !

ELLE A

Elle a le rire à fleur de peau
elle a les pleurs à fleur de cœur
elle a le cœur à corps et à vif
elle a l'amour à perte de vue
elle a le bonheur au creux des veines
elle a le désir à perdre haleine
elle a le corps en fil de soie
elle a la chair en feu de joie
elle a le présent en point de mire
elle à l'avenir en point d'orgue
elle a son être à bout de bras

D'où sommes-nous
Qui serons-nous
Où irons-nous
Que deviendrons-nous

Elle a mon cœur entre ses mains
elle a mes yeux au fond des siens
elle a ma peau pour horizon
elle a mon être à bras-le-corps
elle a mon âme au fond des yeux
elle a ma nuit en plein jour
elle a mon jour au bord des lèvres
elle a ma chair qui s'abandonne
elle a mon être à la cime de son corps
elle a mes sens dans son corps si doux

D'où sommes-nous
Qui serons-nous
Où irons-nous
Que deviendrons-nous

Elle est la lumière de son infinitude

elle est l'infinité de notre désir
elle est le souffle de son incarnation
elle est l'incarnation de notre amour
elle est le sens et le contresens de sa vie
elle est femme avant tout
elle est la beauté en chemin
elle est la voix de son destin
elle est le destin sur sa voie
elle est tout ce qui nous lie et ce que je deviens
elle est et je suis

D'où sommes-nous
Qui serons-nous
Où irons-nous
Que deviendrons-nous

Je suis la lumière sur elle
je suis l'amour et le désir et la vie
je suis le commencement et la fin
je suis la chair et le sang
je suis l'apparence et le festin
je suis la précarité et l'éternité
je suis l'humanité entre ses mains
je suis l'homme que je deviens

je suis et elle est

BÊÊÊ

Un mouton mutant
monta à Mont-de-Marsan
avec une mite marron
qui mettait à mal
sa malle de miels
Elle mange mon miel
merde ! maugréa le mouton
mâtiné de Mérinos
Mets la mite en miette !
meugla le mouton maboule
à un merle muet mais malin
qui massacra les mandibules

de la minuscule mite
avec sa mâle mâchoire
et la mâchouilla manu militari
Maintenant ma monnaie
mugit-il martial
au mouton médusé
Merci monsieur le merle
minauda-t-il mollement et mielleux
Puis il marcha vers sa malingre maison
le moral manifestement
moins miteux pour son miel moite
Morale majeure : mieux une mite morte
que du miel maraudé

LIESSE LUDIQUE

Lili en liesse
longe lentement le lit
de leur ludique lubricité
en louant la lueur légère
de leur luxuriante luminosité
Lorsque leur languide liberté luit
à l'orée de leur liquoreuse
et leste libido
les largesses de leurs langues
livrent l'ampleur de leur lucidité
à l'acuité lactée et lascive
Lili la louve lors
largue la longue laisse
de l'animalité logorrhéique
qui ligote en long et en large
l'amour libre de lui-même
et lèche le lucide ludion de l'homme
avec la langueur liminaire
de lolos léonins
Sous l'horizon
le lit louvoie entre l'onde
lilas de Lili libérée
et la liberté lapée mais non loupée
de la Lune et de l'étoile

MANQUE

Ce manque qui bruine et brasse
les halètements de l'intime mité
par l'absence d'elle ou de lui
ou d'eux égarés dans la nuit
Ce manque qui broie
parfois la chair jusqu'au sans
sans toit sans voie
et l'effilochure des jours
Ce manque qui inhume
l'intimité des sens
dans la couverture réfrigérée
d'un amour en pointillé
Ce manque qui s'inscrit
dans le bonheur d'aimer
sur les vagues de la vacuité
et le ressac de leurs sens
Ce manque comme une indigence
du temps qui oppresse les cœurs
en mal de proximité et de baisers
tout simplement
Que l'amour peut être exigeant
mon amour
parfois
!

L'AMANT ÉTREINT

L'amant étreint
attend
engoncé dans les boursouflures
du temps
Un temps qui s'effiloche lentement
loin d'elle
et de leurs sentiments
mais il n'est que l'amant
L'amant qui attend

atteint en plein corps
le cœur en sang
dans le feu du désir
et de cet amour qui les lie
tellement
L'amant qui attend
le rire de l'aimante
qui cascade sur lui
et pénètre sa chair
en ruissellement de vie
Il y est l'amant
et l'amour en même temps
...

CHEMINEMENT SANS FIN

Cette lumière au fond de ses yeux
aux reflets de vie rieuse
et de féminité légère
comme un scintillement amoureux
Cet amour qui louvoie entre le désir
et la réalité d'être
sous le soleil fluctuant des jours
comme l'écorce d'un arbre qui se déploie

Et cette angoisse virulente
qui vaticine le pire
dans l'onde exaltante du meilleur
La vie est
un cheminement vers les neiges éternelles

Ce corps qui frémit au désir
de l'aimé dans un rire cristallin
dont la chair se nourrit
comme d'un alcool fruité à l'envie
Ce sexe si goûteux à l'orée de ses sens
aux confins de l'infini
et de sa subtile jouissance
comme un vol de papillons sur un lit d'orchidées

Et cette angoisse désespérante
qui surgit de la mémoire suspendue
au milieu d'un éclat de rire
La vie sera
un cheminement vers une lumière retrouvée

Être
ce que l'on n'a pas été
La liberté
est un long sentier escarpé

Mais qui suis-je
pour être ?

ÉVIDENCES

Les turbulences de l'esprit
interfèrent avec la vivacité du cœur
le malheur n'est jamais loin
mais le bonheur non plus
surtout entre ses bras
surtout lorsque son corps bat

L'amour est une évidence
qui s'inscrit dans l'ondulation
infinie du sens j'aime donc je suis
qui j'aime et je désire
Amour îlot de chair vive
surtout sur ses vagues de joie

RÉVOLUTION SEXUELLE

Aime-moi et je serai

Cheminer dans la glaise de sa chair ardente
jusqu'à s'enfoncer dans l'onde envoûtante
et ténébreuse de sa matrice lumineuse
chevauchant ses pulsions sauvages et libérées
de la nuit des sens et des sens interdits

Puis égrener le temps dans le sillage de son corps
et moissonner le moindre épi
de son exubérance charnelle
en une danse égrillarde et folle
où son désir assoifferait les doutes

Folie de l'amour déchaîné par la lumière
de son indicible splendeur libertine
afin de l'introniser dans les éclats
d'une fougue inconditionnelle
qui la surprendrait avec fracas

Et la violer intensément !

LIBERTINAGE

Les vagues libertines
de son ode féline
délicieusement lutine
mes rêves virils

Une langue limpide glisse rapide sur l'onde languide de mes
mots intrépides
l'horizon frissonne d'un vent d'automne l'horizon frémit au
moindre bruit
la nuit s'en va la nuit s'en vient le jour s'étire le jour devient
et nos corps chavirent sur le récif de nos odeurs
et nos corps chavirent
en chœur

Les vagues libertines
de son ode féline
délicieusement lutine
mes rêves futiles

Le désir est-il l'écho de nos sentiments le désir est-il nous tout
simplement

être l'amant d'une sylphide aimante être l'aimant d'une
sylphide amante
l'oiseau pénètre l'air la fleur caresse la lumière le papillon
câline la vue
et nos corps qui chavirent si fougueusement
et nos corps qui chavirent
irrésistiblement

Les vagues libertines
de son ode féline
délicieusement lutine
mes rêves tactiles

DÉCHAÎNEMENT

Sous un ciel d'outre-tombe
où les nuages noirs plombent
la lumière et la respiration
à coups de tonnerre et d'émotions

Sous un ciel de « fin du monde »
où l'horizon soudain s'émonde
et se noie avec fracas dans un déluge
que nos sens exaltés préjugent
aussi intense que l'effervescence
jouissive de nos chairs en transe

Folle randonnée orgasmique
dans l'atoll de nos sexes priapiques

Baiser jusqu'à l'abolition du temps
baiser et faire l'amour simultanément

Avec elle chevauchant avidement
le fil tendu du tout le fil ténu du tant

Et l'orage qui éclate dans une impétuosité
de vies et d'amour démultipliés
un déchaînement de désir et de luxure
conjugués à l'ardeur de nos cœurs mûrs

Femme chérie au-delà de toute mesure
le bonheur qui nous unit est-il sur
la voie de l'infini de l'infinité de nos regards
au-dedans de nos corps hagards
après l'orage après l'ouragan de nos sens
sexués jusqu'à la munificence

Et le ciel qui s'ouvre et s'illumine
au-dessus de nos corps qui lutinent
après l'orgasme d'une nature coquine
où derrière l'embrasement se devine
la douceur de nos lèvres embrassées
par la tendresse d'un amour délié

Sous un ciel luisant de lumière
nos corps enchevêtrés par nos chairs
peu à peu sourient au bonheur
qui les remplit de leur propre lueur

L'amour est une caresse douce et suprême
que le désir et ses largesses extrêmes
éclairent d'un rire à la pénétration
aussi limpide que pleine d'aspirations

LA VIVRE

La vivre à chaque page de son cœur. La vivre au cœur de sa chair. Dans la chair de son âme. Dans l'antre de son amour. La vivre au jour le jour. Au rythme du temps qui palpite sous les éclats de sa lumière. La vivre comme une prière. Une prière cueillie au bord du chemin, à l'orée d'un bois, au fond d'une rivière ou peut-être au sein de son univers. Un univers aussi doux et rayonnant que ses seins recueillis devant des lèvres, mes lèvres, qui les révèrent.
La vivre profondément. Intensément. Comme une respiration pleine de sentiment. Enlacer la totalité du sens qui fait voie. Et se laisser porter par la voix qui rit la vie comme une euphorie d'essences, une euphonie des corps, une symphonie

des cœurs. Une douce folie en somme que ses doigts résonnent.

La vivre et la suivre. Dans un bonheur incarné jusqu'au bout du Souffle. La vivre comme on caresse l'horizon, les lèvres au bout de l'espoir au creux d'un soir. La vivre au plus profond d'une nuit sans lune où les papillons se poseraient sur ses tétons aussi légers que des plumes de vie.

La vivre. Et puis ? La vivre encore. Jusqu'au dernier rire d'un amour plus fort que la mort, plus fort que la vie. D'un amour amour. D'un amour à la spirituelle charnalité. La vivre.

Et l'aimer. L'aimer d'un désir intense. Pour la vivre au fil de l'eau, au fil du tant. Nageant à contre-courant avec le feu de l'envie à chaque brassée. À fleur de sens. Le corps débridé.

Et l'amour à bout de bras...

PANTOMIME

Corps dans l'espace
espace des corps
décor accord des corps encore
et toujours au grand jour
d'un amour aux désirs qui courent
Qui court vers qui qui court vers quoi
lui vers elle elle vers lui
ils courent vers eux
vers une liberté en feu
de joie je crois
ils se dansent la chair élancée
les corps entrelacés
les sens embrassés
la chambre s'ouvre se déploie
autour d'un lit
d'un lit d'émois
à bras-le-cœur
les sexes miment
la gestuelle du désir
de leur désir qui court et les pénètre
de leur amour
jusqu'à l'orgasme
du temps

qui est en qui
finalement

CORPS ATONE

Hagard ou gourd
ce corps vivant sans vie
mécanique à la chair éteinte
qui n'aspire qu'à être une forêt enceinte

Lui respire l'oppression de l'aimée
de ce corps qui s'opprime
comprimant l'essence dans un essoufflement intense
ce corps qui s'éloigne et se lie tout à la fois
dans une union dense
aussi dense qu'une existence en partance
pour la vie

La mort rôde autour de la vie qui croît
il aime un fantôme
apnée des sens au bord du gouffre au seuil de l'infini d'une liberté suprême
celle d'être soi par-delà tout théorème par-delà toute futilité

Que veut dire je t'aime
si ce n'est incarner la vie qui les relie
Que veut dire je t'aime
lorsque l'autre se démène dans l'hymen rompu de son être défait
violence déflagration suffocation de la chair et du devenir
devenir quoi devenir qui
quand l'amour a été corrompu

Il aime un fantôme en mutation
désincarné à force d'avoir été ravagé
il aime un fantôme
en incarnation à force d'avoir secoué
ses désillusions

Il aime un fantôme
lui le mutant mutilé
la vie n'est qu'une mutinerie
contre un passé trépané

Le désir est mort
vive le désir

Hagard ou gourd
le corps continue à marcher
jusqu'au dernier souffle
jusqu'à respirer
librement

Elle revit
dans ce corps qui n'a vécu qu'en sursis
comme le sien finalement
elle vit
et lui aussi
ils sont si...
ils sont tellement...
ils sont maintenant

CRUCIFIÉ

Mélancolie au fond d'un cœur
en désaccord avec son corps
en désaccord avec la mort
Reposer dans une tombe emplie de lumière
jusqu'à la fin des jours
jusqu'à l'éternité qui se proclame
Et ce violoncelle qui lancine dans l'âme
et ce violoncelle qui bruine
Le ciel est en pleurs
la vie est en voie
la vie est debout sous les étoiles
de notre voix
l'enfer est ailleurs

je crois
Nostalgie d'une vie
qui n'a peut-être jamais existé
trépassée il y a si longtemps
Et cette chair en larmes
et cette chair en flammes
Quelque chose meurt
meurtri par l'oubli
quelque chose vit
inspiré par l'en-vie
L'amour est debout sous les étoiles
toutes voiles dehors
Le Paradis est partout
où un regard caresse le sens de l'ivresse
Viens avec moi
sous les largesses

Quelle est cette tristesse de profundis
qui me chahute et me plisse
La chair est en deuil
sur le seuil de son éclosion
Un papillon jaune et vert
a égaré ses ailes et ses illusions
Les sexes sont à l'abandon
et le désir trépide
sur le tumulus putride
du tant

Donne-moi la main
et l'espoir et le vin
pour flâner sur le chemin
d'une chair libérée de son chagrin
Musique
la vie est une musique
que l'Amour danse
debout sous les étoiles
et le Firmament des corps
en accord avec un air de
Mélancolie qui se dévoile
délicatement

LE PAPILLON

Les ailes en sang
il vole ardemment
la mort entre les dents
et ce chuintement des sens
qui se dé-chaînent inexorablement
Il se pose sur ses seins puis son ventre
puis son sexe puis son cœur puis sa vie
les ailes rognées
mais le souffle vivant
Il se pose délicatement
et s'oppose aux affres du vent
un papillon est éternel à force d'être éphémère
mais que la vie est cruelle
parfois
en peu de temps
abattu en plein vol
un jour de solstice d'été
abattu moralement
alors qu'il volète plutôt gaiement
il a perdu ses couleurs et son allant
le papillon fringant
pour avoir oublié que l'on vient du Vide pour retourner vers
le Vide
car la Vie s'inscrit et se déploie
au sein de ce Rien qui ouvre à Tout
Il se pose sur la pointe des pieds
à la pointe du téton
et plonge son regard
dans l'horizon...
L'Amour est plein d'espoirs
après tout

ET ALORS ?

Elle mange des cerises ou des prunes
le corps entre ciel et terre
dans un purgatoire de chair
de chair et de sang
qui s'écoule lentement
dans le sillage tortueux de sa vie
tortueux et tendu
comme un arc épris de vie
Elle mange la vie
sans savoir qu'elle vit
par-delà sa vie posée
sur un Infini entre ciel et terre
où la mort n'a plus prise
ou l'amour est un mystère
qui unit deux cœurs transis
de s'aimer à l'envi
de s'aimer par-dessus tout
le corps en charpie
mais le corps en vie
envie
Lorsque deux cœurs s'aiment
les corps essaiment
et revivent inexorablement
des cerises ou des prunes
à pleines dents...

LA LIBERTÉ AU BOUT DES DOIGTS ET L'AMOUR

Les Abruzzes, c'est quoi ? C'est où ? Elle est là-bas, si je ne m'abuse. Et moi ? Moi, je suis avec ma liberté. Mais la liberté, c'est quoi ? C'est où ? Dans les Abruzzes ? Ou dans l'au-delà de moi ? De nous ? De vous ? De tout ? De rien ? De ce rien du tout qui vibre tant au moindre élan.

Ma liberté est dans l'amour qui court vers l'amour. Sans frein. Sans fin. Ni faim. Juste la saveur de cette lumière légère et limpide qui glisse au fond de l'amour qui passe et happe le cœur autant que le corps et l'âme. Lame de fond, de fond en comble, jusqu'aux combles du bonheur.

Ma liberté, c'est elle ? Elles ? L'oiseau qui me survole ? Le vent sur les cimes ? Le jour qui s'éteint ? La nuit qui s'allume ? Le Soleil qui étreint la Lune ? Ma liberté est un chemin qui s'égare en route pour trouver sa voie dans la voix de mon destin. Ma liberté, c'est l'amour qui s'égrène sur mes sentiments pérennes. C'est le désir qui se dispense et se dissout et renaît et repart et revient et repart encore et revient toujours. C'est le désir qui nous absout d'être de chair et de voluptés sans détour.

Ma liberté, c'est elle debout dans un arbre, riant au soleil et aux cerises, le corps perclus de vie. C'est moi couché sous la brise à caracoler vers ma liberté d'Est en Ouest, tous sens dehors. C'est elle, sabre au clair et doigts de harpe, le corps débordant d'envies.

Ma liberté, c'est un corps au mouvement immobile. C'est le souffle de notre amour nubile. C'est la saveur des mots qui s'esclaffent. C'est la douceur des sentiments qui passent. Et la ferveur des liens qui se tissent. Et l'ardeur d'une soif de rires. Et le mystère de l'amour délié. Et la lumière d'une chair ressuscitée. Et la fougue d'un sexe retrouvé. Et l'alacrité de tous les plaisirs.

Ma liberté, c'est de dire oui, c'est de dire non. C'est de désirer sans tabou *ad vitam aeternam*, à volonté, à jamais, pour les siècles d'une éternité qui ne fait que commencer. Ma liberté, c'est d'aimer par-dessus tout, un peu sage, un peu fou. C'est de l'attendre le cœur tendre et de la tendre entre mes mots, par-delà les Abruzzes ou la vie ou la nuit. Ou Rien...

Ma liberté, c'est d'espérer. D'espérer malgré tout. Et de m'ouvrir à ma liberté.

Et la sienne ? Et la vôtre ?

Aimer. Ma liberté. Et ma liberté m'aimera.

Elle aussi.

INTERROGATIONS ESTIVALES

J'ai peur de la mort de toute chose
mais point de la mienne
et toi
et vous
la vie est un chagrin qui rit ou
un rire aux pleurs aigres-doux

J'ai une telle violence qui m'élance
depuis l'enfance et bien avant
et toi
et vous
mon corps est une plaie qui bout
mon corps est un Vésuve debout

Je suis un glacier brûlant
je suis un désir grelottant
et toi
et vous
l'Infini me tend les bras sous le Levant
mais l'angoisse surgit du Couchant
...
La vie c'est tout

ENROBAGE

Une robe
et rien en dessous
rien qu'une robe
un sexe des seins
et un radieux sourire
au fond de ses yeux
pourquoi plus
pourquoi moins
tout est une question d'enrobage
dans l'existence
lorsque l'amour court
entre deux êtres

aux corps pleins
de contours divins
Une robe
et le désir fait son chemin...

AVION

Elle a pris son envol
... en voiture
c'est plus sûr
mais c'est plus long
quoique
avec ses pensées qui batifolent
et le stress qui l'affole
elle n'a guère le temps
de s'ennuyer jusqu'à Pescara
bien au chaud
dans son siège baquet bancal
elle a amplement le loisir
de contempler le paysage
de son corps absent
qui roule vers son délassement
Certes l'avion eût été moins encombrant
mais les vacances se méritent
même à son corps défendant
quoique
le corps est bien innocent
c'est l'esprit qui a pris un vent
un vent de travers
qui met la quille en l'air
avant d'atteindre la terre
au bord de la mer...
le corps un peu à l'envers
mais les idées bien à l'endroit
suffisamment je crois
pour revenir la chair en joie
enfin je dis ça
mais peut-être que je m'Abruzzes
j'ai tellement envie que ce soit

que j'ai pris mon envol
sans savoir où j'atterrira...

LORSQUE

Ses mains à elle
son sein à lui
ses mains à elle sur son sein à lui
ses doigts qui roulent le tétin qui roucoule
ses mains à elle sur son corps à lui
caresses fluides légères comme la vie
celle de deux élans conquis
caresses intenses pleines de présence
et ses lèvres à elle sur son sein à lui
langue mutine langue taquine
sur son corps sa peau sa chair
sur ses sens en jachère au fond de lui
et sa main et ses doigts et sa paume chaleureuse et douce
sur ce corps qui s'abandonne à cette volupté autochtone
et son corps à elle
sur son corps à lui
soudain plein de vie
pleins d'eux-mêmes et d'amour bohême
lorsqu'ils se rejoignent
dans ce désir qui les unit
comme un cri aux portes de la Vie
celle qui les a omis dans un passé proscrit
lorsque la mort avait un prix
celui d'une chair meurtrie
Incarner la jouissance d'être
dans un orgasme de leurs sens régénérés
lorsque la nuit trousse le jour
en pleine lumière

AUJOURD'HUI ET DEMAIN

Aujourd'hui
elle trotte dans un coin de la botte
elle trotte et elle nage sur la plage
de son corps aphone et à flore
la mer est salée sur sa chair desquamée
par des vagues d'apnée
elle trotte et elle nage loin du rivage
de son corps oppressé
à satiété l'eau et l'air brassent
la vie qui coule en elle

                                              Demain
le corps en nage et la chair déliée
une femme totalement libérée
de soi-même et de la mer déchaînée
se mettra à rêver au désir et à la corporalité
qui soudain lui sembleront intégrés
dans l'onde d'une plénitude
qui la feront trotter et nager dans le firmament
d'un rire à l'éclat lumineux
la délectation au fond des cieux

MORT VITALE

Mort depuis longtemps
mort depuis toujours
comment être vivant
lorsque la peur de l'absence sourd ?

Le ciel s'assombrit tellement
à la vitesse des discours
mort depuis longtemps
mort depuis toujours.

Il vaque il vit
il roule il coule
il s'écoule et s'enroule
autour d'un rien en sursis.

La vie c'est quoi la vie c'est qui
le bonheur c'est comment
l'amour c'est où dans l'infini
dans les tourments du temps ?

Mort depuis longtemps
mort depuis toujours
il cherche le souffle en courant
après un vide rempli d'amour.

La peur de perdre de renoncer
à quoi à qui à quel sens caché
mort depuis longtemps
mort depuis toujours.

Le ciel suit son cours de farfadet
dans un ballet qui respire l'amour
vivre à jamais
vivre pour toujours

AU FOND DE LA MER

Sa peau contre la mienne. Ses lèvres sur les miennes. Ses pupilles dans les miennes. Sa chair sur la mienne. Et la mer pour refuge suprême. Une mer étale que respire un désir de vie. Étendue infinie qui caresse le ciel et que le ciel caresse sur la ligne d'horizon. Chair céleste contre chair aquatique. Tout ici-bas est sexuel, tout là-haut est sensuel. Leur union est-elle spirituelle ?
Tout dans l'existence est pénétrant et tourmenté. Exubérant et affligé. Tout autant qu'affligeant, parfois.
J'aimerais faire l'amour avec elle au fond de la mer. Sur un lit d'algues et d'étoiles pétillantes. J'aimerais me couler dans l'absolu des fonts baptismaux de l'à-venir. Et devenir Joie en me laissant porter par le courant de l'en-Vie. Dans un crépitement de cris d'hirondelles et de brise maritime.
Devenir soi et se fondre dans la nuit. La nuit de toutes les amnésies, de son corps en sursis, de son sexe indécis, de son être plein de vie, de sa lumière désespérée. Pour retrouver le jour.
J'ai la chair asphyxiée de s'être noyée dans l'oubli d'elle-même. J'ai le bonheur chancelant de fuir le vide qui l'appelle. Plonger au fond de la mer et vivre un océan d'Amour. Le printemps est mort, l'automne est de moins en moins loin, derrière les éclats d'un été en demi-teinte. Je suis mort avant que d'être né. Je suis né avant même d'exister. Et l'amour m'a happé, et l'amour m'a broyé, et l'amour m'a conquis, et l'amour m'a séduit, au fond de la mer où je me suis endormi. Entre ses bras.
Sa peau contre la mienne. Ses lèvres sur les miennes. Sa chair contre la mienne. Et cette vie qui est mienne.
Où est la mer Caspienne ?

ELLE M'ÉCRIT

Elle m'écrit. Elle vit. Elle nage. Elle rit. Elle revit. Elle m'écrit des petits mots comme des liens, des petits mots qui nous lient. Des clins de vie, des mains tendues au-dessus de l'Italie, des sourires radieux aux confins de ce qui nous unit, si profondément. Tout en elle semble ravi, le corps a retrouvé le flux de cette onde qui lui avait donnée la vie, il y a bien longtemps, et il y a peu. Malgré tout. Elle est aussi rayonnante que le soleil qui lui rissole la chair avec l'alacrité d'un tournesol. Elle est tellement en accord avec la nature alentour qui lui caresse les épaules et un corps en mal d'alcool. Elle crawle sa vie sur des vagues un peu molles. Elle nagerait mieux toute nue, malheureusement la nudité, comme la liberté, n'est pas toujours comprise. Mais que la plage est belle et que les criques sont sensuelles. J'aimerais nager avec elle dans les flots d'un océan au au bord de la vie. Sous une Lune pleine d'égarements et de sentiments rayonnants comme un silence épris d'un certain goût de l'incertain. Elle m'écrit de loin. Et de si près à la fois. Le corps glissant sur les houles de son esprit. Elle m'écrit et je lis. Je lis et je rêve et je la vois qui m'écrit, les flancs baignés d'une sorte d'envie de revenir à la vie. Sous le ciel d'Italie. Un ciel si bleu que l'horizon là-bas s'ennuie. Et elle, elle m'écrit avec son cœur vert et grésillant .

À des kilomètres de sa légèreté ensoleillée, sous des nuages quelque peu moroses, je vis et j'écris comme je respire...

ALLEGRO MA NON TROPPO

À tire-d'aile
à tire-larigot
elle saute à pieds joints
dans le marigot joyeux
de ses sentiments en goguette
Elle vole entre ses oisillons
plein d'allant et d'aplomb
mère poule picorant la vie
à coups de rires et d'embruns
en savourant une pêche
aussi miraculeuse que l'amour
Car l'amour est un miracle
sous les oracles du temps
ouvrez-lui l'essence du cœur
et il vous offrira les sens du corps
J'aimerais être entre ses bras
quelque part entre ici et là-bas
j'aimerais savourer sa voix
la chair libérée de ses émois

POURQUOI JE TIENS TANT À ELLE

Une tourterelle dans les cieux
sur un horizon bleu
danse à tire-d'aile sa joie

Est-ce elle qui danse pour moi
sous mes yeux langoureux
dans un corps aérien ?

Je tiens tant à elle
je tiens tant à l'étendue de son être
de son cœur plein de corps
de son corps plein de cœur
pourquoi ?

Une tourterelle les ailes en feu

sur un horizon sans fin
chante et danse son entrain

Est-ce elle qui chante pour moi
dans le sillage de son envol
qui caresse mes yeux ?

Je tiens tant à elle
je tiens tant à l'infinité de son esprit
de son cœur plein de corps
de son corps plein de cœur
pourquoi ?

Une tourterelle se fond dans l'horizon
elle plonge à tire-d'aile
dans le tréfonds de mes émotions

JE L'AIME

Je l'aime
j'aime sa joie
j'aime la vie qui va
j'aime le son du silence
j'aime le fruité râpeux de sa voix
j'aime les ballades du Soleil au petit matin
j'aime l'aube qui s'étire au-dessus de moi et s'ébat
j'aime les désarrois du soir sous une Lune tissée d'étoiles
j'aime le son de son regard lorsqu'il caresse mon âme avec éclat
j'aime le jour qui s'enfouit dans le giron d'une nuit assise sur
l'horizon
j'aime savoir qu'elle respire quelque part les lèvres tendues vers
sa voie nue
j'aime l'infinie douceur de sa peau qui recèle d'ardeur et
d'amour à fleur de cœur
j'aime le bonheur qui affleure derrière ses mots et son rire qui
éclabousse nos échos
je l'aime
je crois
je l'aime
et je bois
le velouté

de ses doigts
je l'aime

UN BAISER

Un baiser léger
comme la caresse d'un papillon
un baiser doux
comme deux regards qui se nouent
un baiser profond
comme un élan aimant
elle pose ses lèvres
comme un aveu
d'amour qui cherche
sa vie et sa vérité
elle pose ses lèvres
et s'échappe
le corps partagé
et le cœur au seuil
de sa voie
une voie qui n'en finit pas de se chercher
un baiser léger
fin et intense
comme l'élégance de son cœur
soudain posé
un sourire un peu gêné
au bord des lèvres
et elle s'échappe
l'amour entre les doigts

MOMENTANÉMENT

Chair de soie
sur un corps sans voix
l'esprit halète
                momentanément

L'amour vaillant
le bonheur se décline

à l'imparfait du présent
                    momentanément

Mourir pour renaître
un peu plus ardent
comme la fleur qui flétrit
                    momentanément

Désir en deuil
le cœur se désespère
transi par le tant
                      momentanément

Je l'aime tellement
que le temps prend son temps
pour revenir à la source
                    assurément

TEMPS COUVERT

L'esprit broyé
sous un ciel noyé de lumière
il balbutie la vie
La musique ne chante plus
le cœur n'y est pas
elle s'évertue en vain
d'extirper l'esprit du trépas
Vivre n'est que déchirures et déchirements
qui cicatrisent au soleil d'un amour fervent
vivre n'est qu'un chaos de sentiments
que l'amour nourri avec la foi d'un cœur éperdu
ou perdant
La tête posée sur l'horizon
il contemple sans fin
son être à perte de vue
le corps rayonnant d'un jour nouveau
le corps éclatant d'un rire charnel
Le bonheur est un chant en friche
que sans cesse il faut éclairer...

ÉCLAIRAGE

J'éclairerai le jour et la nuit
de ma main qui effleurera à peine
les contours de son être
d'une lumière incarnée et pleine
j'éclairerai les borborygmes de son esprit
d'un sourire épris d'allégresse et d'envie
il n'y a plus de jour il n'y a plus de nuit
lorsque l'amour luit le temps suspend son impatience
j'éclairerai les ombres qui pétrifient sa vie
d'un sourire attendri d'un baiser retenu
le regard posé sur son corps aussi nu
qu'un ciel d'été dévêtu de ses nuages

        Et je l'enlacerai
      dans une danse incarnée
          enfin
       dans nos deux corps
      libérés de leurs tourments
          enfin

LE BONHEUR

        Le bonheur c'est quoi ?
Un instant de lumière
                Un moment lumineux
Un jaillissement d'amour qui se répand comme une euphorie
        Un rire qui cascade entre deux cœurs conquis
Une pluie qui rassasie la chair et la nuit
          Une caresse qui irradie le sens et la vie
Une chaleur pleine de ferveur et d'envies
        Une tête enfouit au creux de ton épaule ravie
Nos corps enlacés en une chair accord

        Le bonheur c'est quoi ?

Une intense sérénité vibrant sur une mer agitée
        Une plage de plénitude entre deux abîmes d'aridité
Un oasis au sein d'un chaos de rocailles
        Une effusion d'amour exalté par le désir et l'évidence
Une danse sublime et effrénée
        Un souffle de liberté que rien ne peut arrêter
Un sentier escarpé au cœur du Vide

        Bonheur ivresse éphémère
        qui
        telles les vagues sur l'océan
        s'en va et s'en vient
        nourri
        par la véracité de
        l'amour
        et
        des blessures

        Comme les saisons
        ou le Phénix
        ou le jour
        le bonheur
        inlassablement
        renaît de ses cendres
        porté
        par la foi d'un
        amour
        qui unit les aimants
        par-delà
        les tourments du temps
        et
        les vicissitudes de l'esprit

ELLE M'ATTEND

Elle m'attend. Tristement mélancolique, mais avec une certaine impatience, elle m'attend. Sous l'orage, dans le vent et sous la pluie, elle m'attend. Sous les intempéries et les vagues à l'esprit, l'âme endolorie mais toujours vivante, elle m'attend. La voix en demi-teinte, la chair atteinte, les yeux un peu éteints telle une tristesse de jour sans pain, elle m'attend. Le cœur à l'est, la tête à l'ouest, le corps au nord et l'entrain au sud, elle m'attend. Le bonheur au-dedans et la grisaille au-dehors, elle m'attend.

Quand le passé fane, le présent s'effeuille afin que le futur refleurisse, plus éclatant et plus rayonnant encore.

Elle m'attend. À flanc de colline, au seuil du lendemain, dans un coin de son être, assise sur la margelle de son cœur, et du mien, elle m'attend. Une peine indicible à fleur de peau qui bougonne à fleur de mots, l'esprit hoquetant et le désir ravaudé par le temps, elle m'attend. L'amour est certain mais l'esprit est indécis, le désir est vivace mais l'angoisse est tenace, quelque chose se heurte à la fenêtre de la raison comme un papillon en mal d'air et de saison, pourtant elle m'attend. Au bord du ruisseau, dans un champ de blé, sur un horizon décousu, dans une ravine aérienne, elle m'attend.

Quand le passé fane, le présent s'effeuille afin que le futur refleurisse, plus éclatant et plus rayonnant encore.

Elle m'attend. Et je vole vers elle à tout vent sur les voiles volubiles de mon volcan viril. Je l'entends.

POUR L'INSTANT

Pour l'instant
le ciel est gris
les jours sont fanés
le bonheur s'émeut
l'esprit est confus
le regard est éteint
le soleil est blême
la nuit est interminable
l'envie n'a plus de goût
l'été suffoque
le désir s'est tu
le silence bourdonne
le corps est atteint
le cœur résonne
les fleurs chancellent

un chat aboie
la vie s'est égarée
la chair est aphone
les sens sont essoufflés
la mort est confite
l'amour est déconcerté
pour l'instant

VOIR VICQ ET MOURIR

C'est la moisson
les corps sont fauchés
avant d'être broyés dans la meule des sentiments
le pain sera bon cet automne
le soleil brûle les champs
écrasant le village sous son éclat tonitruant
pendant que l'air cherche son souffle
les chiens galopent indifférents
autour d'elle
assise sur le chemin
la vie est un chant funèbre
souvent

    Maison aquarelle emplie de
   photos familiales ostentatoires
   comme une amarre affective
  maison environnée d'un silence sans bruit
   sauf la nuit lorsque la pluie soliloque
il dort profondément dans la solitude de son lit
 il endort ses sentiments avec la morphine
    de ses ronflements peut-être
dormir profondément les chiens à portée de voix
     et gorgé d'elle
    qui s'agite dans son sommeil
    les photos vacillent aux murs
  rien n'est éternel même la vie figée un instant
    la vie est un chant funèbre
      souvent
       Ils sillonnent la nature alentour
    mais peut-être est-ce eux-mêmes qu'ils sillonnent

à travers forêts et champs
à travers leurs esprits balbutiants
les cœurs serrés et tremblants
ils furent amants
ils restent aimants
mais la chair halète douloureusement
est-il possible de s'aimer tant
et de s'effondrer dans des voix sans issue
Voir Vicq et mourir
à soi-même
la vie est un chant funèbre
souvent

Vivre est un éternel recommencement
sans cesse il faut mourir pour renaître
ici ou ailleurs
qu'importe la mort n'est pas meilleure
à l'ombre qu'au soleil
les corps sont fauchés
les cœurs sont moulus
pourtant ils se tiennent la main
demain les champs seront ressemés
de désir et de légèreté
la vie est un chant funèbre
pour l'instant

FULGURANCES

Elle chevaucha ma chair
avec l'intensité fulgurante d'un éclair
ses seins éblouissant la nuit
elle chevaucha mon cœur
avec la luminosité exaltante du bonheur
après
être surgie du diable vauvert
foudroyant mon univers
d'une vitalité si enivrée
et
enivrante

c'est une lumière

Elle chevauche encore mon cœur et mon esprit
avec la douceur d'une main qui affleure
sur les plaies d'un malheur
fulgurant
elle chevauche mes maux
comme je chevauche les siens
avec une envie furieuse de bonheur
derrière un chant de chair qui s'est tu
trop rapidement

c'est une lumière

Elle chevauchera quoi demain
tout en elle
est si intensément
fulgurant
et
chavirant

c'est un océan

Jouir sur la houle de ses sentiments
sur les déferlantes de ses sens imprévisibles
et mourir à chaque instant
pour renaître à tout moment
un peu plus différent un peu plus grand un peu plus libre
aux côtés d'une femme
pleine de tourments
lumineux et ardents

c'est un océan

Et je suis un loup de mer solitaire
bâti de chair et de sang
qui chevauche une mer de chair et de sentiments
l'amour est toujours sous grand vent
lorsque les émois sont vibrants
mais quel est ce frissonnement qui balbutie
pour l'instant

QUI FUT SERA

Je fus amant
je suis aimant
je fus éperdu
je suis confus
je fus émoi
je suis ému
je fus de chair
je suis en sang
je fus de feu
je suis de sang
je fus sextant
je suis sextile
je fus rouge
je suis blanc
je fus sens
je suis non-sens
je fus orgasme
je suis pléonasme
je fus ce que je suis
suis-je ce que je fus
et maintenant
et demain
et après
et ensuite
la vie
l'amour
l'espoir
et la mort
la mort toujours
et la vie à jamais
comme l'amour
je ris
je rirai toujours
car je vis
et j'aime l'amour
entre les bras d'une femme qui me surprend

dans le cœur d'une femme qui me déconcerte
et bouillonne constamment

L'amour c'est quoi
chuchote le vent venu du couchant
je ne sais pas
répond l'aimant qui fut amant
ça dépend des saisons de la couleur du temps de l'humeur du
hérisson ou de la floraison des roses
ça dépend de tout et de rien de tant et de si peu
aujourd'hui n'est pas demain et ne sera plus jamais hier
mais que sera demain
allons boire un verre de vin
à la santé du précaire et de l'éternelle
de la légèreté sous la lourdeur d'être
car demain
je serai amant et aimant
assurément...

ICILÀ-BASAILLEURS

Ici là-bas ou ailleurs
refleurit l'amour
sous un autre jour
le bonheur renaît toujours
ici là-bas ou ailleurs
la chair se meurt vive la chair
dans un champ en fleurs
ou les ruines du malheur
ici là-bas ou ailleurs
le cœur respire avec ferveur
au moindre regard posé
sur l'ardeur de sens à nu
ici là-bas ou ailleurs
je plongerai ma plume
dans l'encrier incandescent
de son corps évanescent
ici là-bas ou ailleurs
sur le duvet d'un nuage en feu

dans l'onde d'une cascade bleue
ou un lit de fougères en rut
ici là-bas ou ailleurs
pour les siècles des siècles
le désir est un chant d'amour
inscrit dans la profondeur du jour

QUAND SONNE LE GLAS

Elle a repris le train sans entrain. Elle a quitté la gare, l'esprit un peu hagard. Il est resté sur le quai, le cœur défait. Il est pantois sous les émois. La lumière vacille. L'enfer est au paradis. Une main figée empoigne la nuit. Il est des histoires sans fin. Il est des vies qui ne sont jamais finies. Il est des morts pleines de vie. Il est des vies pleines de morts.
Sur le bas-côté gît la dépouille de leur couple déchiqueté. Elle a déchiré le corps de leur intimité.
Le train s'éloigne au loin, une tristesse profonde au fond de ses entrailles de femme meurtrie. Il est des morts plus résistantes que la vie, il est des vies plus fragiles que l'oubli. Il est des soubresauts plus douloureux qu'un déni.
Le train est parti. Reviendra-t-il ? Avec elle ?
Deux corps sans âge sous un orage. Ils ont 10.000 ans et bien davantage. L'amour est un ravage. Elle fut sauvage, elle est transie. Au fond d'elle, balbutie la vie. Il est terrible de ne plus avoir envie pour mourir à soi et renaître peut-être un peu plus en vie. Mais à quel prix ? Il est terrible d'aimer encore sous tout ce bruit qui dégouline de mort en soi. Il est si loin et si près à la fois. Vivre est un tourment, trop souvent mon amour, d'un jour, de toujours et à jamais. Car même les morts ont un après. Ils ont 10.000 ans et bien davantage.
Le train est parti. Reviendra-t-il ? Avec elle ?
Il est sous les étoiles, un rire surgit de lui. Il sent un train monter en lui. Lui traverser l'esprit et fondre dans la vie. Il a plus de sept vies et bien plus d'envies. Sur le quai, la musique l'assourdit à mort. Il espère encore, il n'espère plus. La vie est un rébus indéchiffrable avant la levée du jour. Et l'amour est au rebut de tous les impondérables.

Il est des amours qui renaissent de leurs cendres. Il est des amours qui périssent sous la cendre. Ils se sont aimés tel un brasier, et maintenant leur cœur tremble. Un cheval hennit à cœur fendre...
Le train est parti. Reviendra-t-il ? Avec elle ?
Il y a toujours un train pour quelque part et pour quelqu'un... La vie est un chemin entre partout et nulle part. Elle est dans le train, il est sur le quai. La vie circule.
Il y a l'aurore après le crépuscule.

LA MORT DE BORIS

Le train revient. Il est sur le quai. Ils sont dans la gare. De tous les départs, de toutes les arrivées. Toutes les gares ont des quais. Tous les quais mènent quelque part. Ils sont un peu égarés. Un peu hagard. L'amour n'est pas un hasard.
Elle voudrait se séparer d'une part d'elle-même. Mais peut-on se séparer de soi-même ? D'une part de soi-même, de son double inverse ? L'esprit nourrit l'esprit. La peau appelle la peau. Ils sont bien plus que la somme de leur totalité réunie. Ils sont bien moins que la totalité de leur somme. Ils sont leurs propres limites. Ils sont leur propre liberté. Et ils vont. À l'aventure par les sentiers litigieux d'une forêt sous des cieux radieux, ils vont à qui mieux mieux. Ils vivent avec tant d'intensité. Le moindre instant, le moindre souffle, d'une vie qui les lie. Par-delà l'espace, par-delà une raison quelconque, par-delà le temps et la chair et le sang et l'eau et la terre. Ils sont désirs fraternels, ils sont amour intemporel. Ils sont un tout différencié. Ils sont la complémentarité de leurs balbutiements. Tant les émerveille et les réjouit, tant les exalte et les interroge. Sur le mont Sainte-Odile descend la nuit, au loin le ciel s'éclaircit sous une grisaille un peu transie.
Faire l'amour et mourir dans un poudroiement de sens. Faire l'amour et vivre dans un foudroiement d'essence. Ils s'éloignent pour mieux se rapprocher. Ils se rapprochent pour s'éloigner, juste ce qu'il faut. Leur chair se respire, ils font corps dans un chant indicible. Ils halètent. Ils soupirent. Ils s'aspirent. Le regard tantôt indécis, tantôt flamboyant. Grandir dans le tourment de ses sentiments, le ressac de ses émotions.

Vivre est parfois un parcours de battants entre deux cœurs et des battements... Ils sont à un tournant.

Elle a occis Boris dans la venelle de ses pensées déchirées.

Boris est mort.

Pour l'instant ?

Boris revivra. Autrement. Boris ne peut pas mourir. Indéfiniment.

Il est des gémellités inextinguibles. Il est des amours indéfectibles. Il est des élans irrésistibles. Il est des affections imprévisibles. Il est des désirs si perceptibles.

Bien sûr la mort est partout, la mort est plus vivante qu'une éternité chancelante. Bien sûr qu'exister est aléatoire. Bien sûr que le matin n'est pas le soir. Bien sûr que l'espoir ne fait vivre que ceux qui ont envie ou besoin d'espérer. Bien sûr que demain est un autre souffle. Mais qui peut épépiner la chair de ses souvenirs, du gouleyant et de l'ineffable de ses nourritures sentimentales ?

Lili, empêtrée dans ses racines, déploie lentement sa cime.

Le train est reparti. Il est resté à quai. Le goût d'un baiser, de deux, sur ses lèvres. Elle s'en est allée, triste et heureuse. Heureuse et triste. Il est des arrivées hésitantes, il est des partances chavirantes.

Il reste le souffle de leur peau. En attendant le retour du train près d'un quai plein d'envies et de vie...

TERRASSÉE

L'azur lumineux
le corps en feu
les mains encore aqueuses
sur une chaise-longue
longue comme une jouissance incarnée
allongée de toute son exaltation
jambes déliées
les doigts soudain animés
d'une envie de volupté
dégrafent et se glissent
jusqu'à la liberté
de caresses et de plongées charnelles

si charnelles
que le ciel en est resté époustouflé
lorsque l'orgasme a éclaté
elle jouit
encore pleine de leur épopée

JE L'ATTENDS

Sur une terrasse ombragée
par une cime décharnée
le regard posé sur un horizon de toits et de nuages grumeleux
je l'attends
l'esprit en désarroi
le corps empli d'émois
en quête d'un nouveau souffle
le soleil ruisselle par intermittence
je regarde et je pense
sous l'œil d'une colombe en partance
je fus je suis je serai
le jour avance
chaque seconde est un pan de vie
chaque vie est un brin d'herbe
je l'attends
la chair orpheline
de sa chair concubine
assoiffée de sens
sous la brise de l'absence
qui me caresse la peau
je l'attends
mes pensées s'élancent
dans le silence
de mes mots
et dans un ultime sursaut
je l'enlace sur la terrasse
embrassé par l'écho de son rire
incarné dans une vérité multiple

SANGLOTS NOCTURNES

La nuit en plein jour
le cœur gourd
l'instant se lézarde
une angoisse sanglote
surgie du tréfonds
larmes irrépressibles
la vie hoquète soudain
la tête bourdonne
c'est la nuit alentour
dans la solitude d'un grand lit
l'amour est mort
et le passé resurgit
et l'esprit se noue
tourner une page
mais ne pas fermer la porte
surtout pas la porte
une angoisse sanglote
le temps d'un deuil
d'une petite mort
au fond d'un lit
qui aspire intensément
au jour en pleine nuit

AMOUR CÉNOBITE

Au fond d'un désert de sable brûlant. Seul. Face à son immensité intérieure. Solitude d'être dans l'oasis de son cœur. Le devenir est un chemin de solitude semé d'amour et de liberté.
Que valent ses certitudes face aux incertitudes de l'autre ? Au fond du désert que cette question est vaine. La lumière naît de la vacuité, du vide assourdissant de l'être en devenir. Le soleil abrase l'horizon, intensifiant la solitude par l'aveuglement.
Que voit-il ? Que voit-elle ? Il ne voit qu'elle. Et elle ? Elle est dans son désert. Dans les balbutiements et l'inquiétude sourde d'un présent qui se déchire et s'émiette dans les embruns de l'esprit. Il l'espère sans désespérer. Le désespoir est la mort de l'âme. Les oracles ont parlé. Mais pour dire quoi ? Qu'il ne suffit

pas de savoir pour être. Même une boussole peut se tromper si elle est mal interprétée. Même une boussole...

On peut se perdre en soi-même, parfois à jamais. Mais qui serait en droit de juger l'alouette dont le vol s'essouffle dans l'aridité de l'été ? L'été de tous les bouleversements. Le commencement de la fin ? Le début du commencement ? Le ressac des sentiments chante inlassablement. Il fait frais, il fait froid, mais la vie n'attend pas, sa plage s'étend à perte de vue, jusqu'à la désincarnation finale.

Au fond du désert un loup espère, le regard porté vers l'à-venir. Toujours l'horizon libère sa part de mystère vital, quel qu'il soit. Qui craint le bonheur craint la vie. Qui craint la vie a peur de soi. Il faut mourir pour renaître. Il faut vivre pour être. Il faut être pour mourir. Ô saisons d'une vie. Ô saisons d'un amour. Le temps court et ne revient jamais.

Je l'aime et après...

« Je suis la vie que me donne l'amour, je suis l'amour que me donne la vie », murmure le loup, les yeux ronds comme la lune qui le contemple du haut de son firmament. Elle chancelle là-bas. Elle s'agrippe à quoi ? À qui ? Comment ? Pourquoi ?

Je l'aime et après...

Je vis.

Un destin est une tempête.

Le loup sourit à l'alouette qui est en chemin...

Demain est demain.

ALOUETTE

La mort au loin
sourit
comment savoir ?
elle attend
les seins au vent
l'instant
Que la vie est belle
dans le lit de l'Éternité !
Que l'amour est grand
dans le champ de nos enlacements !
Je t'aime Alouette
qui m'a plumé le cœur et les sens
jusqu'au sang du corps et de l'esprit

La mort au loin
sourit
comment savoir quand nos cœurs se sont émus ?
Alouette
je t'attends
la vie est une chair à feu et à vif
la vie est la chair de nos sentiments
je t'attends

DANSE

Je danse dans le ciel de nos cœurs
le corps sans peur
la vie est une lueur qui vacille
tends-moi la main de ton âme
nous danserons la liberté

LARMES ARDENTES

Larmes ardentes de l'amour
qui s'écoulent
sur l'obscurité lumineuse des jours
des jours et des nuits
sur un horizon qui se meut
Quelle est cette mélancolie qui bruisse sous la cime du temps
inexorable la vie s'effeuille
sous nos yeux impuissants
Demain n'est pas aujourd'hui
vivre dans l'incertitude de toute certitude
et mourir à soi
afin de grandir
en plénitude
Croire pour vouloir
boire les larmes ardentes de l'amour
qui s'écoulent
sur l'obscurité lumineuse de nos jours

DÉSIRS

Mes lèvres sur ses seins
mon sexe dans son rire
et la jouissance qui nous soupire
dans le filigrane de nos émois
Au-dehors l'été transpire
Et cette vie qui nous conspire
et cette peau qui nous inspire
des ondes de joies
dans un lit de taffetas
Au-dehors l'été transpire
Une douce ardeur nous emplit
le soleil vacille mais vit
une jument surgit et se cabre
les flancs foudroyants
Au-dedans l'été respire

LA MORT

Le jour semblait comme neuf
elle a tué l'amour dans l'œuf
son rêve avait été brisé
elle a brisé le cœur que ses bras avaient exalté
la poésie se tait
la muse n'est plus
Et la vie ?...

LE BALLET DE LA VIE

Aller au charbon
comme on va au champ
nue comme un nouveau-né
comme la sincérité qui s'enracine au passé
au néant et à la finitude
s'unir brasser s'imprégner s'enfouir et ressusciter
corps noir charbon Blanc

Dans une danse sensuelle
donner vie à la mort
en faisant corps avec soi
avec cette vie qui s'offre
et cette mort que rien n'arrête
Et ce désir qui se déploie
et se roule dans un dénuement
surgi des profondeurs de l'inconscient
en quête d'une plénitude
intérieure
pour se fondre dans les étoiles
dans l'Infini de soie

DANSE

La vie danse
tellement dense entre les bras d'Éros et de Thanatos
entrelacés sous l'horizon
les corps se lacent et se délacent
se fondent et se confondent
se nouent et se dénouent
dans un mouvement immobile
au silence si parlant
aussi parlant que le bruissement des feuilles sous la caresse
d'un zéphyr élégant
et cette liberté et cette grâce et cet amour
qui brisent les frontières
dans une danse imprégnée de lumière et de temps
et ce plaisir et ce bonheur qui défient la raison
lorsque la vie bat à l'unisson de deux corps
au bord d'un océan

J'AI RENCONTRÉ LA VIE

Un sourire échevelé
libre comme une vie qui s'étonne
et se donne sans compter

le regard émerveillé
et tendre d'une reconnaissance impromptue
un cœur émancipé
qui vibre au chant du devenir
en une palpitation vitale
et cette légèreté fragile de tout son être...

LE CHANT DE L'HÉLIOTROPE
(2009-2010)

ELLE RIT

Elle pleure
l'horizon est en berne
la vie est une turbulence sémantique
et le corps et l'amour et l'être ?
L'automne s'invite pas à pas
la chair fléchit sous le faix de l'esprit
les arbres pleurent leurs premières feuilles
et le cortège des jours s'égrène cahin-caha
Elle pleure
sur qui sur quoi
le regard en apnée de soi
il aimerait tant la prendre dans ses bras
L'été se meurt l'été se noie
mourir pour renaître à soi
mourir à qui mourir à quoi
à l'envie de mourir sans foi
Elle pleure
et la vie monte des entrailles
comme une flamme apaisée
qui s'écoule sur ses joues
Elle rit
l'amour qui vient l'amour qui va
et la vie qui sourit
au coin d'une épaule
Elle rit

MUSIQUE

Aimer
le doux violoncelle de son cœur
qui pleure et qui rit
tel un automne lumineux ou
une aube un peu brumeuse
et pianoter
sur son corps en ivoire
à la sensualité cristalline
en caressant chaque touche
de sa chair opaline
Aimer
respirer la corolle de son être
chahuté par les émois de son esprit
puis pénétrer doucement
au sein de sa joie alizarine
et pianoter
sur ses lèvres souriantes
avant d'embrasser la vie
qui chancelle et chante
dans l'onde de nos iris
L'aimer...

ÉNERVEMENTS PASSAGERS

M'énerve
cette fleur qui pétale dans ma semoule neuronale
ce zouave déculotté qui bouffonne dans mes annales
ce jour qui tombe cette nuit qui ronfle
cet ennui qui gonfle cette maison qui me hante
cette culpabilité qui me gratte ce soleil déjà refroidi
cette fraîcheur sentimentale ce présent trop bancal
ce passé fécal et cet avenir si lacrymal   pour l'instant
M'énerve
les reniflements de mon esprit
de ne pas aimer ce que je suis
de ne plus savoir où j'en suis
de ne pas être ce que je veux de n'être que ce que je peux
d'être odieuse et méchante et impatiente au premier éternuement

d'être odieuse avec la vie avec l'amour avec le jour avec moi ou Dieu sait qui
Dieu ? C'est qui Lui ? C'est qui Ça ?
je suis morte mais bien en vie je suis en vie et si morte pourtant
M'énerve
ce poète en queue de poisson ce poisson sans queue
ni tête ni raison ni saison
juste l'une ou l'autre obsession
et son amour en rime qui me câline
cajole caresse agace amuse
me danse m'encense me décape
et m'énerve !
Je ne veux pas d'amour
je ne veux plus d'amour
je veux simplement le poète toujours

Certes constate l'écho
mais il n'y a pas de poète sans amour...

LE MANQUE D'AILES

Le corps gourd
la chair bruine
les sens couinent
et le cœur vaginé de douleurs
suffoque d'exister
Elle
où est-elle
dans la nuit des tant
dans les circonvolutions du temps
Dieu qu'elle me manque
Tu m'entends
du haut de tes envols bibliques
sous mon arbre qui s'étiole
le désir s'affole
et le manque hoquète
sur un coin de moquette
Elle me manque
déjà

HÉBÉTUDE

Un cœur sanglote
au fond de sa grotte
l'amour est une ivresse
l'amour est une folie
il fait nuit en plein jour
il fait jour dans les décombres
la chair invective le sens
la chair est meurtrie
et dans un coin de la tête
la lumière hante
les recoins du malheur
j'aime une fleur
qui s'étiole au soleil
en affolant mon cœur
ce cœur qui sanglote
au fond d'une grotte
oppressée par la douleur
d'exister
J'ai mis un genou à terre
et l'esprit dans les étoiles
la vie est une vague à l'âme
qui dessine le bonheur
entre deux flammes éprouvées
entre deux épreuves enflammées
l'amour est une ferveur
en quête d'ardeur
l'amour n'est qu'un élan insensé
qui cherche sa vérité
Dieu que je l'aime
Dieu
qu'elle m'aime
et pourtant
...

NATURE

La pluie flagelle les feuilles
qui fouettent l'air
qui rafraîchit la vie
sous un duvet de nuages enivrés
La tempête se lève et soulève
des brassées d'illusions
arrachant l'entendement
par pétales entiers
entièrement déchiquetés
par une bourrasque sans discernement
La nature ne fait pas dans les sentiments
mon cœur si
je voudrais la déshabiller à coups de vent
et la prendre sauvagement
comme une tempête au firmament...

ACCORDS ÉPERDUS

J'ai envie de tes mains sur mon corps se promenant encore et encore dans les friches vivaces de mon décor dessiné en décombres exaltées. Qu'elles exhument la vie que le temps avait enterrée sous des amas de meurtrissures sensuelles !
J'ai envie de tes lèvres sur ma chair qui frémit de vie extirpée par la grâce de l'amour, cet amour qui a jailli tel un torrent émancipé de la lourdeur des contre-jours. Que la chair exulte au gré des baisers que tes lèvres composent sur l'adret de mes émois !
J'ai envie de ma bouche sur ta bouche, de la volupté de tes lèvres entrouvertes sur ce désir qui danse au gré d'une ferveur pulpeuse et vibrante. Que nos baisers, à la saveur d'orange et de bonheurs intenses, embrasent la confluence qui fait chavirer nos iris en feu !
J'ai envie de mes mains sur ton être effeuillé jusqu'à l'exaltation par une échappée tant et tant charnelle que le souffle galope au son de nos cœurs héliotrope. Qu'elles

explorent la vie qui palpite au fond de ton corps pour saisir le plaisir au seuil de tes soupirs pétillants !

J'ai envie de mes lèvres sur les moindres parcelles offertes de ta sensualité exubérante qui distille des effluves aphrodisiaques d'élans et d'allégresse. Que nos corps se dissolvent dans l'effervescence repue de nos échos ad hoc en partance ! Que le temps oublie notre existence !

J'ai envie de mon sexe dans la conque indomptable de ton intime jouissance qui palpite au souffle d'un va-et-vient habité. Que la turgescence des sens exhale des bonheurs par tous les pores de l'amour qui jubile sous l'ombrelle de nos cœurs ! Que nos corps se pénètrent en cascade de vie !

J'ai envie de toi !

LA LIBERTÉ

Liberté habitée
libérée de toutes ses ronces
échappées d'un esprit agité
Agitations du cœur
qui débite le corps
en convulsions stressées
Quelle est cette liberté habitée
qui me propulse vers l'urne stellaire
de nos âmes ?
Âmes vagabondes qui inondent
la chair arborescente de nos désirs
sur la frange fragile de nos soupirs
Danser en elle jusqu'à l'ultime
extase de nos sourires
danser cette liberté habitée
Danser et vivre ou mourir
d'avoir aimer l'amour
surgi d'un chaos lumineux
habité par une liberté à peine effleurée

JE SUIS UN PÉCHEUR

Quelle est cette **Avarice**
qui me transporte ?
Je ne veux que le feu
de ton foyer charnel
brûlant ma chair d'une jouissance
sensuelle
je ne veux que l'extase avide de nos corps
liés dans un encorbellement
sexuel qui subodore...
Quelle est cette **Colère**
qui me subjugue ?
Que l'ire incandescente
et joyeuse
qui consume nos cœurs
d'une sauvage allégresse
nous orgasme jusqu'à l'hébétude
de nos corps en liesse !
Je n'ai qu'une **Envie**
me nourrir jusqu'à en mourir
de tes soupirs et de ton rire
jaillis du plus profond
de tes plaisirs
pour féconder
l'avenir.
Tout n'est que **Gourmandise**
entre tes bras ivres d'ardeur
même le bonheur se consomme
à la faveur d'un appariement
que nos papilles dégustent
en un festin orgiaque
que le désir instille
à profusion.
Quelle est cette **Luxure**
qui nous traverse ?
Dans le champ en effervescence
d'un coït déchaîné par l'explosion de nos sens
entends-tu le son tonitruant
du con et de la queue

qui s'enchantent
de se pénétrer ?
Je sens l'**Orgueil**
qui pointe sous l'ivresse propagée.
Insolence de la chair
que nos baisers ont défrichée
avec l'appétence des amants
que l'absence a éloignés
Tout n'est que **Paresse**
sous le ciel assouvi de nos corps
entrelacés.
Mon fol amour j'aime pécher dans le verger
de notre amour
lorsque la sensualité est un tête-à-tête émancipé.

BRAISE

Baisers braisés
par la brise brûlante
de nos bouches badines
papillonnant sur l'onde câline
qui nous anime

Baisers intenses
qui dansent sur la transe
d'un volubile accord de corps
à cœurs embrasant la connivence
d'une ineffable ardeur

J'aime la candeur
de nos chairs jouissives
jouant sur la jovialité lascive
d'une exubérance pétrie en plein cœur
par des baisers en fleurs

LA VÉRONIQUE DES CORPS

Désir boréal
cette lumière phallique qui
pénètre un crépuscule vaginal
en une onde tellurique
tel un fanal

Va-et-vient de couleurs sensuelles
lui en elle elle sur lui
le jour la nuit
et les chairs qui bruissent
dans un claquement d'émois charnels

Faire l'amour avec la vie
et mourir à soi à chaque orgasme qui jaillit
puis renaître désir après désir
en dansant dans un enchevêtrement
de cœurs

Je veux jouir avec toi !
Et renaître toujours dans l'arène de mes cendres
comme un Phénix de ses tourments
désincarnés par la peur d'exister
Je veux jouir en toi !

FLUCTUA NEC MERGITUR

Insatiable voracité du corps
lorsque la chair dévore la vie
à crocs éperdus
Entrelacs d'envies
qui se chevauchent et se happent
les sens en folie   et
                                   les sexes à vif
Quelque chose rugit alors
du plus profond de soi
tel un amour erectus qui
dans des rictus de joies

                            liche des émois
qui s'étreignent   avant qu'ils
                                              ne s'éteignent
                   aussi
               soudainement

            Et le corps n'est plus
            que carcasse endormie
          dans un écrin de chair atone
               ardeur dissoute
          à la faveur d'un écho aphone
          Les sens s'étiolent le sexe se tait
       et l'esprit s'affole au moindre soupçon
               de désir à l'horizon
              La sauvagerie n'est plus
            qu'un souvenir qui transpire
                que vie en suspension
           dans une chape désenchantée

              Il ne reste que l'amour
                dans un corps étale
                et un esprit résigné

              De l'aube au crépuscule
              de l'ombre à la lumière
                  la vie s'inscrit
              dans un désir aléatoire
             que l'amour nourri d'espoir
                         et
                      de rires

              Il faut vivre pour aimer
                         et
                 Aimer pour Vivre

           L'amour est un tourment heureux
                         !

              Que la chair reprenne feu
                         !

ELLE S'ESCLAFFE

Elle s'esclaffe
un petit bonheur s'égaye de sa gorge
jusqu'à ses yeux
Elle a le regard lumineux
d'un cœur langoureux qui
se languit de lui
en silence et à contretemps
Un silence empli de mots
qui tissent du sens
comme une faucheuse brode sa toile
à contre-jour du tant
Tout l'amour est en elle
tous les doutes également
elle sait sans savoir
tout en sachant indiciblement
Et à certains instants
accroché en suspens
à l'aune d'un horizon transpirant
un déchirement couine
du tréfonds de ses entrailles neuronales
Elle n'est plus alors elle ne veut plus être
que l'ombre d'elle-même
invisible et insignifiante
être juste assez pour rester vivante
Mais l'amour ne se décrète pas
mais l'amour n'est pas la mort
mais l'amour vibre encore et encore
sur les vagues indestructibles
de son rire
et de la vie...

AVEN JOUISSIF

Baiser à pleins poumons
cette femme à l'horizon
d'un corps nouveau
cette femme ouverte au souffle du désir
d'un embrasement de chair et d'extases
Baiser à perdre haleine
sur un lit de déraisons
jusqu'à se perdre dans le tréfonds de son intime conviction
jusqu'à suffoquer au plus profond d'une virginité ludique
ensemencée par des pulsions sensuelles
Et ce sexe qui fleurit à l'appel des sens
vulve épanouie au foyer d'une apothéose
la pénétrer encore et toujours en une plongée radicale
vertige vaginal du jouir dans une profusion de ressentis
Ah oser une verge conquérante et conquise
qui éclot à elle-même en une gerbe vibrante
et naître autre
autrement plus libre
libre d'être

INJONCTION DÉSIRANTE

Réveille ta chair
soudainement éteinte
par un esprit bridé sous une lune oppressée
réveille ton corps
brusquement mort
sous le hallali obscur

CORPS À CORPS

Ce corps meurtri à outrance
qui se meut sur le feu du désir
et l'enchantement du chant de ses mains
dansant en silence sur ma chair
en jachère et envie
Ce corps qui est mien contre le sien
son corps blessé à elle
à coups de coups et de fiel
qui respire et s'ouvre
qui m'appelle et me conduit
Nous conduit vers la vie
dans un entrelacement entrechoqué
de plaisirs et de lumière émancipée
en un tango déchaîné
au fil de nos corps

AUBADE

Ruissellement mélodieux
d'une brûlante caresse aquatique
sur une chair extatique
offerte à ce regard qui suit
les galbes de son être
à la nudité assoiffée

Sensuelle
l'eau ruisselle sur elle
si sensuelle
que les yeux se posent
et disposent de son corps charnel
avec la douceur d'une flamme
à la virilité affamée

Le regard l'interpelle
en un désir insatiable
pendant que ses mains glissent
et s'immiscent sous la touffe

effervescente d'une allégresse intense
au gré de ses doigts qui explorent
le tréfonds du regard
qui se tend...

TRAMPOLINE

Asphyxier de désirs
dans un pré de jouir
jouir
ah jouir
dans son con en éventail
son cul en bataille
jouir
et mourir
à soi-même
pour renaître
dans le flot incandescent de ses sens en délire
et puis se repaître
de sa chair affolée
la queue dressée vers les cieux
pourfendant sa bouche et son ventre
avant d'éjaculer tambour battant
un trop-plein d'égarements

BACCHANALES

Bacchanales anales
jouissance animale
Sois sauvage
sois bestiale
braise-moi jusqu'au final
jusqu'à la fin de la raison
qui m'assaille en rafale
Couvre-moi de baisers
et de caresses à foison
Chevauche-moi dans un claquement de chair et de sang

une cavalcade de seins et de fesses en goguette
brasse ma chair sans retard brode mon sexe goguenard
Je suis à bout je suis à cran
je suis à toi je suis en toi
je suis le feu qui consume ma flamme
je suis la flamme qui consomme ton feu
je suis en nous par-dessus tout
Sois cannibale
sur notre horizon de bacchanales
La folie me guette
la folie des sens la folie du désir la folie des soupirs la folie
du jouir la folie de la jouissance
jusqu'à défaillir dans des éclats de plaisir
Je veux jouir
Et toi ?

CANTATE CHARNELLE

Le regard en feu. D'une incandescence irrépressible. Le corps guère mieux. D'une effervescence indicible.
Elle avance. Elle avance vers son cœur de cible.
Vers son regard à lui. Ce regard d'une voracité impassible.
Vers son corps à lui. Ce corps d'une immobilité impossible.
Elle avance. Les sens symphoniques.
Un bouton. Deux boutons. Trois... Un sein. Deux seins. Apparaissent dans l'échancrure d'une pelure de tissus, à la couleur estompée par le désir de la posséder. Tétins arrogants et implorants soutenus par des bonnets chancelants. Elle lui tend l'un. Elle lui tend l'autre. Qu'il engloutit goulûment. Avidité sensuelle qui la vide de son avidité à elle.
Elle soulève l'accoudoir. Enlève le promontoire fiché dans le fauteuil, telle une bite amarrée au fond d'un trou insondable. Un trou qui palpite ardemment. Comme son con qui suinte abondamment. Il le sait, le cœur pantelant. Elle descend sa jambe délicatement.
Dans les reflets d'un miroir dansant, il la regarde intensément. Passionnément. La queue entre les dents et le souffle court. De plus en plus haletant.

Invisibles. Ils sont invisibles l'un à l'autre. Et de plus en plus visibles, de plus en plus présents l'un à l'autre. De plus en plus pressés d'être l'un dans l'autre. De plus en plus pressés de jouir de leur intimité. De plus en plus pressés, oppressés et empressés...

Il la dévisage dans le mirage mouvant du miroir complice de son regard en coulisses. Il la prend, la saisit, l'effleure, l'affleure, l'explore, la caresse, la pétrit avec la délicatesse de son regard en fleur, la voracité de son regard à jeun. En manque. D'elle. De tout. De chair, de gestes, de volubilité charnelle, de rapacité sensuelle, de convoitise sexuelle. Il ne convoite qu'elle. Il ne veut qu'elle. N'a envie que d'elle. Rien que d'elle. De son corps, de son âme, de son être, de son cul, de son sexe. De sa vulve dilatée à l'infini. De sa vulve qu'il sait, qu'il sent affamée de l'engouffrer avec volupté, de l'engloutir sans coup férir. De son fondement crépitant et accueillant aussi. Le corps battant la chamade.

Elle le déboutonne. Fébrile. Et gourmande. Un sein toujours posé sur ses lèvres.

Fouille l'enchevêtrement et l'extirpe résolument. Le sort rayonnant. Le sort chancelant. L'enjambe et l'ingère dans sa gangue inondée. Le respire. S'en imprègne. S'en inspire.

Le cul nimbé d'une jupe joyeuse. De désir. Et d'empressement à jouir de son amant. De son aimant. De leurs élans. Sur fond de miroir amusé et scrutant un cul sur une queue qui s'entrechoquent hardiment.

Elle se redresse alors, avant qu'ils jouissent, avant qu'ils ne s'éblouissent, et l'enfonce dans son anus implorant.

Un cul danse sur une queue dense. Jusqu'à l'éruption des sens. Sur un fauteuil en transe, la jouissance a fait irruption.

CES FESSES DÉLICATES

Fesses adolescentes suspendues
au corps mûr d'une femme ardente
Fesses qui enchantent et caressent
un regard au seuil de l'épure en liesse

Fesses qui lancent des élégances
à chaque pas à chaque élan
et dessinent des arabesques éperdues
Fesses allégoriques déployées
vers les baisers d'un amant pénétrant
que l'extase a emporté...

BELLE

Belle
comme une fleur livrée aux intempéries du cœur et de l'esprit.
Belle
comme une fleur qui flétrit au gré du temps et des soupirs.
Belle
comme une fleur qui s'interroge sur la beauté de toute chose.
Belle
comme une fleur emplie d'humanité et de troubles intenses.
Belle
comme une fleur printanière qui caresse l'automne avec éclat.
Belle
comme une fleur qui exhale la profondeur de son être exalté.
Belle
comme une fleur que le temps a façonnée à sa lumière dense.
Elle est belle
nue
comme une fleur
aussi légère qu'une hirondelle
volant
au-dessus de mon corps
à tire-d'elle et d'émois
avant de se poser
sur la tige tendue
de ma joie

LA VOIX DE LA VOIE

Et sa voix qui ondule mes sens sur la voie du désir. Et nos voies qui déploient des aurores dans sa voix à plaisir. Et mes sens qui s'affolent. Et mes sens sur un nuage. Et mes sens en voyage. Et mes sens à l'agonie de ne pouvoir se nourrir à la folie. D'elle. Et nos sens en apnée. En feu. En flammes.
Innocence lubrique de nos chairs atomiques. Rompre la distance qui nous suffoque jusqu'à la démence. Ah ces vibrations qui nous entonnent par-delà les monts et les fleuves et les horizons ! Ah ces échos de nous-mêmes que rien ne peut éteindre si ce n'est l'étreinte du sommeil !
Au loin, la vulve s'imbibe abondamment. Il bande. Il boit sa voix. Si proche et si loin à la fois. Il bande dans le vide de l'absence. Au milieu de nulle part. Et elle se caresse dans le trop-plein de sa présence.
Et ce halètement de leurs esprits qui traverse la nuit. Et ce désir palpable. Ce désir abyssal par-delà l'espace et le tant qui les relient.
Rien n'est vain. Tout est faim.

SOMBRE

Il fait sombre dans son cœur
il fait sombre dans son corps
son esprit se meurt
dans les soubresauts de sa propre mort
il fait sombre au-dedans
il fait sombre au-dehors
il sent tout son être mourir
au milieu de larmes surgies de l'oubli
Pour naître enfinHÉBÉTUDE

Hagard
le passé présent
exhumé des décombres de la mémoire
éparpillés dans une vie sans gare
il pleure

Il pleure des larmes de vie
sur un horizon qui se construit
Être
entre passé et avenir
entre maintenant et maintenant
Être soi en devenir
le poison des blessures indurées dissout dans le ressentir d'un corps perclus de soupirs
Hagard
des douleurs invisibles ruisselant des entrailles
il déplie son existence
et avance

AUTOMNE

Les arbres pleurent des feuilles de couleurs qui jonchent la terre et le bitume. Je suis jeune. Je suis vieux. Je suis les gênes d'un gène récalcitrant. Je suis l'addition de mes sentiments. Je suis la mort venue au monde, comme un tourment. Je suis la vie en chemin vers l'Infini, tel un tournis. Les feuilles crissent sous des pas mnésiques lourds d'incertitudes et tourbillonnent vers le néant. L'automne s'égoutte avec paresse sur le temps.
Le temps de nos regards qui se croisent. Le temps de mes yeux qui te caressent. Le temps de tes mains qui me ravivent. Le temps d'une vie qui s'incarne. Le temps de nos vies qui se proclament. Le temps du désir qui va et vient au gré des saisons de ton esprit. Le temps du plaisir d'être peau à peau encore et encore.
Les arbres effeuillent le jour et la nuit sur l'horizon de nos regards éplorés par l'envie. Et la lumière qui décroît insensiblement vers le glas de l'hiver. Et la lumière qui palpite sous le flot de mes vers. Et ta tendresse qui s'écoule à travers la douceur de ta voix. Et ta voix qui m'enrobe d'une charnalité héliotrope. Impassibles, les arbres se décharnent jusqu'au dénuement de leurs branches tendues vers le firmament. Il faut mourir pour vivre. Il faut vivre pour naître. Il faut naître pour mourir.

J'égrène les heures, j'égrène les minutes, j'égrène chaque souffle de mon être qui se déploie vers toi, j'égrène tes yeux, j'égrène tes sens, j'égrène tes seins, ton sexe, tes bras, ton être, ton cœur, tout ce qui fait toi, tout ce qui fait nous. Ma douceur, j'égrène la vie entre tes doigts.
      Que j'aimerais être le firmament de tes bras !
      Que j'aimerais être le printemps de ton corps !

ASPIRATION

Écrin étreint
de sa chair éteinte
dans son esprit atteint
en plein cœur
Étreintes de nos corps
en quête de chair et
de nos êtres chancelants
qui n'aspirent qu'à être
rayonnants en corps

SUPPLIQUE CHARNELLE

Fais-moi jouir
ressuscite mon corps
de tes doigts en or
qu'ils explorent et grisent
la pénombre d'une chair
qui n'aspire qu'à rire d'abord
Extirpe mon être et ma peau
des décombres de tant
et tant de trépas froids
avec l'ardeur et la foi
qui abattent les afflictions
fais-moi jouir
Ne m'abandonne pas !

LE STUPRE ET LA BEAUTÉ

Elle s'est fait baiser dans tous les sens du terme, dans tous les sens du vent, par une mer agitée et des amants de passage clouté. Survivre entre le stupre et la beauté. L'esprit décharné dégoulinant sur une chair maltraitée. L'avenir est essoufflé, le corps est morcelé, le cœur a été trop malmené. Dieu, infâme mensonge que l'Homme a dévié en sa faveur ! Il faut se libérer. De soi-même ! Il faut se réconcilier. Avec qui ? Avec quoi ? Le passé ? Le futur ? Ou le néant ? Elle n'est que douceur et beauté sous sa carapace asphyxiée. Qu'attend-elle pour respirer ?

Il s'est fait biaiser par une vie coprophage, au milieu des hurlements silencieux d'une mer déchirée et de regards harnachés. Surnager entre le stupre et la beauté. Il rue dans l'absurdité. Il vomit tout ce qui l'a broyé dans la meule oppressante de meutes omniprésentes. Il sanglote et mugit sans voix. Dieu, insane égarement dans les ruines de ses tourments. Il veut marcher dans son esprit démantelé. Il veut jouir dans son corps égaré. La nuit l'a enchaîné à une lumière dégénérée. Il faut s'élever. Vers qui ? Vers quoi ? Le vide ? Un trou noir ? Qu'attend-il pour respirer ?

Ils font l'amour sur un lit de velours, ils font l'amour dans le feu de l'extase, la chair en partage et les corps en partance. Tout alentour est rasséréné. Le jour s'est levé ou la nuit s'est couchée. Qu'importe, le temps n'a plus d'aspérités. Ils font l'amour dans un champ d'amour nu. L'horizon s'est éclairé sur leur charnalité fanal. Leur souffle les étreint. L'espace s'élargit dans l'intensité du plaisir d'être unis. Les corps ne sont plus en charpie. Ils sont en vie. La peau sourit. Les esprits aussi. Ils sont en voie. Ils font l'amour avec la vie. Le désir est en beauté sous la charmille de leur vérité. Ils respirent.
Dieu, les as-tu mérités ?

HURLEMENT ABYSSAL

À l'orée de la Vie
qui sanglote ses désarrois
dans ce corps qui vocifère
un autre jour croît
Elle est là face à lui
excitante et floue
aimante et indécise
aimante et aimée
il veut succomber à la violence de son désir
il veut éjaculer les scories d'une mémoire exhumée
il veut baiser il veut danser leurs corps
elle piaffe elle renâcle elle piaffe encore
Pourra-t-il un jour croire à la sérénité de l'amour ?
Pourra-t-il un jour l'étreindre sans détour ?
Elle est loin elle est près elle revient elle repart elle revient
et ils grandissent
peu à peu
Il vivra
près d'elle très près ou loin très loin
Que disent les oracles ?
Dieu seul le sait...

PEAUX POURRIES

Acculé dans sa peau, de fond en comble il aspire avec peine, il pantèle pantois parfois, et se démène et se débat dans son indigence charnelle, dans les rets retors de ses émois déconfits. Il vit et survit. Vitupérations de l'esprit réfrénant une chair en surplus. Cette chair qui larmoie dans un recoin sanglant de sa mémoire. Il est sans être et, telle une chenille, s'époumone dans son enveloppe létale avant de renaître différent. Au tréfonds de lui, un cloaque d'avant les réminiscences remugle dans d'ultimes soubresauts d'une existence trépanée.

Engoncée dans sa peau, par maux et par vie elle va, elle vient, elle veut, elle chuinte sur ses fumets d'épines charnelles. Elle s'ébat à tout-va, le corps en rade, le cœur en route, dans le lot liminaire de ses émois. Elle se retient, elle s'élance, elle avance, hésite, avance encore vers une vie composée sur un passé décomposé, et elle rit, elle glousse, elle tousse, elle schusse. Tout son être crapahute à flanc de corps en quête d'adret, enquête sur un futur qui empiète sur le présent. Sous ses pieds, l'horizon s'étend à perte de vie.

L'inanité de l'inanition du corps et de l'esprit révulse la vie qui s'étend inexorablement vers la nuit de l'Infini. Jouir d'être. Au sortir d'une essoreuse désincarnée. Il vacille vaincu par l'adversité intérieure. L'aube n'est jamais vaine, elle est balbutiante lorsque le soleil se pointe sur des chairs morcelées.

Il veut être au plus profond d'elle et y rester le temps de s'émanciper, le temps de se réjouir d'exister dans son éphémère souffle organique, le temps de la vivre intensément. Il veut cesser de courir après son ombre. Il veut cesser de trembler sur son sexe intangible. Vibrer en pleine conscience, en pleine présence. Pour s'esclaffer enfin...

Mais elle que veut-elle ?
La vie n'est-elle qu'un amas en décomposition de peaux pourries qui se régénèrent dans le foyer tumultueux de l'amour, mon amour ? Qui se régénèrent pour s'incarner dans la Vie, mon amour ?

CONFESSION POSTHUME

Éparpillé dans les étoiles
je jouis à tout-va
je fus un homme peu banal
un animal de guingois
que les femmes avaient brassé
jusqu'à la nausée parfois

Terre de foi et de larmes contenues
où la vie se répand...
Sous des nuages noirs brodés de lumière
le soleil tombe doucement sur un horizon ardent
Le ciel d'un bleu profond est
traversé par un vol d'oies sauvages
au jacassement strident et altier
En dessous sous ce mouvement céleste
elle marche
lentement
dans un état létal proche de l'intemporalité
les yeux perdus dans cette lumière qui l'enveloppe
comme le souffle de l'homme qui marche
au-dessus d'elle
et en elle
allègrement

Éparpillé dans les étoiles
je jouis à tout-va
je fus un homme pas banal
un animal de guingois
qu'une femme aura incarné
jusqu'à la jouissance de se sentir Homme

Il l'attend...
Et elle marche
en pensant à lui
sous des nuages de plus en plus éteints
la nuit est au bout du chemin
le jour aussi
Il l'attend...

ARRÊT SUR RAVAGES

Arrêt sur ravages.
La vie est un saccage dans un champ de fleurs...
alentour les arbres sanglotent des larmes crissant sous les pas...
son existence n'a plus d'odeur autant que sa mémoire s'en souvienne...
autant que sa mémoire s'en souvienne
dans la rude rade d'une vie abrasée
Jouir peut être une performance qui craint les saveurs
dans une vallée encaissée évidée de sa sensualité...
Lorsque la vie a oublié de rêver...
L'ardeur s'émousse dans la peur...
les sentiments flatulent...
la sensibilité grelotte sous le harnais d'un chaos indigeste...
L'esprit halète sous le faix des maux...
Au loin une lueur anale aspire à des bacchanales taboues...
et ce sein qui implore d'autres baisers d'autres caresses d'autres largesses...
Lui s'égare dans les lacis livides d'une rétention fantasmatique en attente de l'envol...
Arpèges du désir d'être sous les essoufflements de l'espoir...
Sortir des craquelures de sa croûte mentale...
Sortir
pour se vivre homme
pour se sentir soi.

FORCEPS

Les mots s'agglutinent dans un esprit encombré.
Errements au seuil des battements de son cœur.
Désarroi au fond de ses émois.
Il se sent tant vide de tout.
Les mots suintent goutte à goutte figés par le froid et le brouillard.
Dépression dans un esprit cachectique.
Chaque mot chaque phrase chaque concrétion verbale s'effrite ou se désagrège telles des bulles de suie.

La vie semble vaine à l'aune du passé.
Sa chair lui échappe.
Son âme est décharnée comme malade d'elle-même
un mal sourd instille un doute oppressé dans ses incertitudes.
Il ne sait plus écrire il ne sait plus dire ni penser
il nage il surnage
dans le trouble liquide amniotique de son esprit cacochyme.
Douleur putride des contractions d'une vie qui s'invite à la table du temps.
Accoucher l'être devant l'âtre du présent
pour mieux s'aimer.
Pour mieux l'aimer...

DISTENSION

Mourir sans avoir dansé
                          avec elle
                                    sur l'acropole de ses élans
mourir sans avoir marché
                        à ses côtés
                                  à tire-d'aile caressant
mourir sans avoir plongé
                    en elle
                              à califourchon sur le temps
Mourir le regard rempli
                  de nous
                          et de nos extrêmes décapants
mourir dans les émois
                  d'elle
                                circonspects et ardents
Mourir peut-être sans savoir pourquoi ni comment l'amour...
pour vivre dans la mémoire d'une femme affolée par l'extinction d'une lignée éclatée en shrapnels affectifs
morte avant que d'être née   vivante parce que la mort l'a engendrée
le rire émoussé par des angoisses indurées
                          Et moi ?
                        Une fois mort
                    serai-je enfin délivré

de moi-même
?
J'aimerais savoir
l'aimer

DIVERGENCE

Elle rêve d'horizon
je rêve d'elle

le vent la ballotte du nord au sud
entre le cœur de son esprit
et l'esprit de son cœur

et je tangue et je vogue
dans les quarantièmes rugissants
de ses émois en exergue

et je la prends au petit matin
au seuil de mes yeux à peine éclos
et je la saisis et je l'embrasse et je l'explore

où est la ligne de flottaison de nos corps
où est le point de convergence de nos êtres
l'amour se tisse dans les divergences de l'esprit

Elle rêve de moi
je rêve d'horizon

Et le temps nous devance avec bienveillance

ET SI L'AMOUR EXISTAIT

Une bruine *de profundis* suinte sur un regard mélancolique. À moins qu'une brume atavique stagne dans un esprit ludique, telle une colique poisseuse. Il est des jours sans. Il est des nuits sans. Il est des jours et des nuits à sang. Et à eau. Il est des lunes rondes pareilles à tes seins. Il est des lunes qui s'effilochent sous des trombes de pluie. Il est des soleils qui se font attendre jusqu'à midi. Il est des amants déchirés. Il est des amants exaltés. Il est des amours haletants.

J'exhale mon passé dans une frénésie de chairs trépanées. J'exhume des désirs trépassés. J'exhorte une vie égarée. Pour mieux marcher vers mon aimée qui m'aime sans m'aimer, à même le doux creux de notre lit écartelé. Le bonheur est en creux, les sens sont en croix, un sentiment s'accroît, le désir est accru, et à cran par foi.

J'aimerais te déshabiller comme on dénude une mandarine, pelure de tissus après pelure de peau. J'aimerais te déflorer l'être, de pore d'âme en pore d'homme. J'aimerais t'envisager sous un visage à peine ombré par une retenue persistante. J'aimerais édulcorer les ultimes doutes qui agacent mes sens. J'aimerais ratisser l'antre évasée de ton être éthéré. J'aimerais déployer des trésors d'éclats charnels sur ton corps à peine émergé du sommeil. J'aimerais te vivre tout simplement, comme on ouvre un livre à tout moment.

Et si l'amour existait ?

Le jour serait habillé de lumières évanescentes qui iriseraient tes pupilles ouvertes sur la vie. Et la nuit nous dévêtirait de nos dernières réticences à vivre une convergence au cœur de l'absence. Et la nuit lisserait l'étoffe de nos corps étanchés par l'écume de nos émois. Le verbe serait chair. Et la chair prendrait sens. Et le sens serait vie. Et la vie serait amour. Et l'amour...

Et si l'Amour existait ?

Les mots seraient vains. Et les poètes superflus. Mais qu'est l'amour précisément ? L'horizon se brouille, les certitudes vacillent, soudainement. Soudainement, il ne sait plus. A-t-il jamais su ? Saura-t-il jamais ? Sauront-ils jamais ? L'amour est un non-sens plein de bon sens. Demain est un autre jour. Heureusement.

Et si l'amour existait vraiment ?

APRÈS

La vulve vaincue
elle vaque à sa vie vierge de tout préconçu
Ses seins crépitent encore contre le drap
Elle a le regard en joie et les lèvres épicées
Il s'est répandu en elle avec fracas alors qu'elle chevauchait leurs sens   léonine et ardente
en une cavalcade débordante
Sa vasque visqueuse s'alanguit maintenant entre des cuisses brûlantes de vie
L'envie persiste
Elle étend son bras
Le vit encore humide repose de guingois
Elle frémit   la vulve en voie
Leurs yeux s'animent et s'agrippent à la fois
Elle le saisit et le roule entre ses doigts
Un trouble les ploie
Il paraissait repu   il paraissait sans voix
La vulve s'évase
La verge se tend imperceptiblement
Une excitation galope à fleur de peau
Au-dehors des roses trémières embaument l'atmosphère du couchant
Faire l'amour encore une fois sous la tonnelle du tant
Et elle fond sur lui
le sexe en avant les reins cambrés les seins conquérants
Il n'y a plus d'avant il n'y a plus d'après
il n'y a plus que l'instant pour un Désir animal et végétal au bord du gouffre

PARADOXE

il fut
un mort en feu
un mort en flammes
que la vie incendia
aussi souvent que le tocsin sonna
mort-vivant

mort virile
il fut
il est peut-être encore
le cœur au seuil de l'infini
du non-fini ou du mal-fini
selon les nuits ou les dépits
le corps au bord de l'océan
de la vie de sa vie
dans le corps de Lili dans son esprit dans son cœur aussi

son habit est trop petit
son être peut-être trop grand
il fut
mort
il sera
vivant
si son cœur en aura la force
et
l'envie
la mort est si gluante
sous la poisse des espoirs brumeux
il fut
mais que sera-t-il
sous cette vie irrépressible
qui l'habite et le transforme
et le transporte
vers un amour sans amarres
vers un amour empli de détours
vers la vie
celle qui a vaincu
la mort

HURLEMENTS

À fleur de peau. À fleur de nerfs. À fleur de sel. À fleur de sol. À fleur de temps. À fleur d'amant. À fleur de con. À fleur de tête-à-queue sans queue ni tête. À fleur d'amour. Fleurs fanées. Fleurs de mort et d'envies, de tout et de rien. J'ai perdu la vie. J'ai perdu la vue. J'ai perdu le son d'un corps chagrin.

J'ai perdu l'essence de la chair et du chemin. J'ai perdu le goût du goût et des odeurs végétales.
Et les fragrances frileuses de Fragan, et le chemin de la forêt et la colline boisée au loin, et les bouleaux décharnés. Et la campagne à perte de vue, et mon cœur à perdre haleine, et mon corps à perdre espoir, et mon être à perte de raison. Et ce hurlement strident. Oppressé par lui-même. Elle est loin, aussi loin que proche, aussi proche que lointaine. Où sont passées mes mitaines ? Et le sentier de demain ?
Crever l'absente. Au milieu de ces déjections mentales. L'œil mélancolique. Le regard absent. Comme l'absente. Comme l'absence de l'absente. Comme... Comme un cri primal aussi primaire que mes pensées bestiales. Je ne suis plus présent. Je ne suis plus rien. Qu'un hurlement innommable. L'esprit boueux, l'âme embuée, le corps hagard, le souffle égaré. Et ce hurlement surgi des entrailles. Ce cri vital et désespéré.

INCESTE D'ORANGE

Quel est ce désir qui aimerait susciter un ouvrage ou le chapitre d'une envie à deux sur un lit en feu de bagatelle ? Une sorte de broderie composée à deux cœurs, à la lumière de leurs corps. Désir de vie. Désir de voie à deux voix. Désir de jouissance, de joie qui rebondit de jour en jour, de nuit en nuit. Désir de légèreté entre deux vies époustouflées, deux êtres à la découverte d'eux-mêmes.
Suis-je toit ? Suis-je moi ? Qui sommes-nous, ma sœur sexuelle, ma maîtresse fraternelle ? Un désir sexué à l'amitié charnelle ? Une amitié sexuée par un désir charnu ? Qui sommes-nous mon zeste de vérité et de plaisirs sensuels ? Une fredaine fredonnant en tous sens, à cœurs perdus ?
Arracher les oripeaux insignifiants qui couvrent sa peau de soie rose, inspiré par un élan barbare en prose. Une voracité soudaine entre les dents. Et nos sanglants sexes affamés, les crocs en avant, le con en dedans, au plus profond de lui-même, et la queue haletant une férocité cannibale. Nous éplucher sur un lit de fougères, loin de la mer et du vent. Ravager nos chairs en tous sens, à tout-va, à toute allure ou à l'infini, jusqu'à la finitude. La plaquer contre un arbre, incruster sa peau dans

l'écorce, la prendre avec autorité, jusqu'à lui couper le souffle, alors que ses bras et ses jambes enserrent le tronc impassible, et la baratter sans baratin. Sous le regard d'un écureuil ou deux.

Me faire bousculer jusqu'à basculer dans l'indicible, l'impensable, l'inattendu, l'inespéré. Me faire bousculer le corps et l'âme par une femme qui se proclame femelle féminine et m'entame en tous sens. Me faire dévorer à satiété. Ou avec la douceur d'une flamme sous un buisson ardent alors qu'une pie grappille des baies de myrtilles fanées.

Voluptueux inceste sous un ciel tout bleu. Ma sœur de sens, ma maîtresse enchaînée, sens-tu l'écume bouillonnant de nos corps qui frémit sous ma plume ? Sens-tu la bise venue du Nord comme l'Étoile polaire, comme le son du devenir ?

Pécher, Dieu quel plaisir ! Surtout entre ces bras-là. Aussi insaisissable que fougueux, aussi improbable qu'affectueux.

INTIMITÉs

Intimité visible. Intimité invisible. Mais qu'est-on lorsque l'esprit ne fait pas corps et que le corps est sans esprit ? Le vent de la liberté s'essouffle à force d'être en apnée. Pas de liberté sans intimité. Sans sentiment d'intimité pas de sentiment de liberté, ou si frelaté... Ce corps qui est mien et qui ne l'est pas, dans une intimité congrue, tellement chenue. Ce corps tendu vers elle... Qu'elle rend si beau, qu'elle rend si frêle... Et cette intimité, cette liberté ouverte au vent de la pleine insécurité... « Être ou ne pas être » derrière le paraître de ce qui me fit naître et mourir à la fois... Mon amour libère-moi par tes mots libres de sang et ton corps ivre de moi.

Accroupie sur le palier de sa vie, une aiguille dans une main, un bout de tissu dans l'autre, nue, elle coud ma bouche sur son sexe. Son sexe entre mes lèvres, entre mes dents, caressant le plancher de sa toison humectée... Elle coud pendant que je tricote des mots et des fantasmes... À genoux sur ma vérité, ma virilité bandant contre une marche de l'escalier... En attendant qu'elle me couse à sa charnalité.

Et mes pensées, ces pensées qui vont et viennent et violent honteusement ma culpabilité... Ces pensées qui m'abreuvent et suffoquent mon intime liberté piétinée, toute honte bue... J'aimerais la profaner sur ce canapé de cuir blanc, aussi blanc que ma neige interne... Avec mes bras, avec mes jambes, mes jambes à son cou... Être libre en toute lumière, une lumière tamisée par les coins d'ombre d'une liberté interne...

Cette liberté que tu m'offres, toi, nue dans ma douche, ruisselante de toi-même, aussi fragile que farouche. Gravide de ton intimité étincelante. Et cette arrogance qui me submerge, arrogance d'une liberté qui soudain s'annonce. Et toutes ces pensées qui m'humectent les lobes jusqu'à la nausée... Et cette envie de marcher, et cette envie de tuer, et cette envie de chevaucher, et cette envie de danser, et cette envie de frapper, et cette envie de la prendre par derrière dans une encoignure de porte... Époustouflante liberté des envies qui caracolent dans un esprit déchaîné aux confins de ses intimités ! Et cette chamade au fond de la poitrine surgit des entrailles et d'un mental au bord de l'apoplexie, ce cœur qui brusquement caracole et bondit tel un chien dont la laisse se détend. Tel un chien qui apprend que toute résistance suscite une contre-résistance. Tel un chien qui apprend qu'au bout de la laisse il y a une main...

L'intime niche dans son mouvement intérieur, le mouvement de son être qui va d'amble avec soi-même. Jusqu'à l'impudeur de sa propre liberté... Jusqu'à l'ivresse que confère la sérénité d'exister.

FLEUVES

Danube aux berges constellées de verges et de vergetures allusives. Le courant drosse ton con jusqu'à la mer Noire et grise. Loin de mes gonades enlisées dans la vase du mésespoir. Et le temps qui recule et le temps qui avance. Et mon sexe qui pense des flots glauques d'insanités... Et mon sexe arraché à lui-même au moment de pénétrer. J'avais osé naître il y a bien longtemps, en d'autres temps, en d'autres termes, avant de mourir à moi-même inlassablement dans les bras de femmes dévoreuses. Où es-tu Bethelgeuse ? Je castrais mes désirs quand elle est passée sur la rive de mes soupirs pour ranimer ma vitalité. Baiser dans un fourreau échevelé. La nostalgie a trépassé.

    Files incessantes
de vessies imprévoyantes
dans des cinémas grouillants
d'envies, inlassablement.

Et ses sous-sols qui m'attirent vers ses cabinets qui m'inspirent une orgie carrelée, tes fesses collées à une céramique rutilante. Ton sexe qui ruisselle des désirs inavoués. Et moi qui éjacule toute la volupté de nos baisers. Mais l'utopie s'estompe dans la réalité... Soudain elle est amarrée à ma bite qu'elle a enfournée, assise sur ma liberté. Et si j'étais autre entre ses bras ? L'homme de tous les choix et de tous les plaisirs... Si j'étais moi sur un lit de nous ? Baise-moi dans une cascade de tout ! Partout. Partout où ton corps dénoue le décor de mon corps à genoux.

    Nous jouissons
aux confins de cinémas moribonds,
à proximité de la file incessante
de ces vessies exigeantes.

Le Tibre, parsemé de seins et de pieds en pâmoison, s'étire langoureusement sous un soleil virulent. Dans les méandres de son fleuve intérieur, il n'est qu'obsessions scabreuses. Une sorte de démence charnelle dévore sa planète sensuelle. Une sorte de folie sexuelle embrase la raison et le mortel. Les sens dégénèrent en tous sens. Elle se promène sur le rivage de son océan charnel, nue sous sa robe de flanelle. Exploser sous ce ciel d'été brûlant comme nos chairs et nos élans. Éjaculer jusqu'à la dernière parcelle de mes sentiments sur son corps consentant et rieur. Quelle est cette impétuosité qui me prend ? J'ai l'écume au bord des dents et le désir qui attend. Et ta chevelure au ras de ma peau assoiffée... Assoiffée de quoi ou de qui ma douce folie ?

Je suis un fleuve dément. Je suis la source de mes affluents. Je suis le flot débordant qui s'engouffre dans l'embouchure de ton entrejambe déployée aux quatre vents ! Je suis le fleuve et je suis l'amant. Rendez-moi mes sentiments. La liberté est un sperme qui jaillit à tout moment.

SODOMIE ET GO MORE

Sentir l'étreinte subjuguante de ses fesses sur ma tige enduite de son écume maîtresse. Exploration anale sur un lit bancal, une banquette verticale ou une forêt transversale. Le catalpa froisse de son ramage indolent l'air au gré du vent. Ils sont au-dehors, sous l'ombrage caressant d'un arbre sentinelle. Il est au-dedans... d'elle. Enserré par un anus récalcitrant, un sein au téton implorant entre les lèvres, il chavire. Il s'affole au fin fond de l'obole.
« *Le sexe de la libertaire gourmande dévore, tel un animal sublime, du rouge sensuel dans une bataille impromptue[1].* »
Aussi impromptue que leur tissage charnel... Une corolle de tissu autour de son petit cul, une boule de geisha au creux de son con, elle le sent au plus secret d'elle-même, au plus intime de son blasphème, la jouissance la harcèle. Elle se tend, se détend, monte, descend, attend, remonte, le contient, broie le sexe en soi, le palpe, l'aspire. elle suffoque et convoque le plaisir sur la terrasse des désirs. L'impromptu est au fond d'elle, aussi écarlate qu'une rose. Ils explosent en ribambelle. L'inondant d'une ardeur polyphonique.
Rompre les amarres de l'invisible et jouir sur les quais de tous les possibles.
Oser entre ses bras. Ces bras-là. Dans sa tête, dans ses entrailles. Oser affronter la liberté dans tous les miroirs de l'altérité, dans tous les échos de fantasmes débridés. À l'orée indécise d'une femme offerte à la charnalité. À toutes les exaltations coïtales, au sein d'un champ de blé ou d'un lit de roses à peine écloses...

LA LECTRICE

Cette
voix majuscule
qui l'enveloppe et le bouscule
de son velouté verbal
sensuel et animal
Les
mots qu'elle articule
les phrases qui s'enchaînent

---

[1] Un Vers emprunté à Lili...

les pages qu'elle parcourt
sur le fil dense
d'un lien d'évidence
par-delà l'espace et le tant
Au-dehors
la nuit recouvre alentour
elle lit du fond de son lit
emmitouflée d'un certain amour
ses mots s'écoulent en lui
et nourrissent la joie
de la sentir se glisser dans sa lumière
tamisée par le clair-obscur d'une sensualité
si particulière
La
chair vocale
amarrée à leur complicité
se propage vers une douce sentimentalité
chair vocale
qui l'emballe et le caresse
dans le sens d'une voluptueuse largesse
Elle
lit d'une voix posée
un roman tourmenté
elle est seule il est seul
et pourtant si ensemble
unis par l'encorbellement des sons
qui s'égayent de sa bouche
pour embrasser son oreille
son entendement et ses sentiments
leurs sentiments conjugués par
un attachement indicible si parlant
Et
peu importe l'histoire du roman
tourmenté ou flamboyant
ils sont portés par le verbe
par-dessus l'éloignement
faisant corps et esprit
écrivant au fil des mots
un chapitre de leur propre vie
de ce qui les séduit
Quelque

chose les touche imperceptiblement :
une liberté
sur un coin d'oreiller
partagée
?

PROJECTIONs

Femmes brunes et frêles, au tempérament de feu et de glace, à la beauté tranchante comme leurs émois, à l'énergie insatiable et rayonnantes de ces petits je-ne-sais-quoi qui me séduisent tant. Qui m'attirent tant. Amazones aux traits de mon père, aux senteurs de ma mère, écho de mes blessures et de ma lumière vivante. Femmes qui m'émeuvent et me broient, me tuent et me ressuscitent, me tanguent et me subjuguent tant et tant que le temps suspend mes abysses. Jusqu'au désenchantement. Ou l'éveil de la soie.
Femmes au corps d'albâtre voluptueux, aux seins de velours, à la toison mystérieuse, au sexe aussi excitant qu'inquiétant, aussi attrayant qu'inabordable, regards d'à-venir incrustés dans le passé, voix du désir inscrit dans une ineffable musicalité. Passion répulsive et répulsion passionnelle. Femmes qui êtes moi, telle une résonance de mon plus intime, et si autres à la fois. Tellement différentes de moi. Jusqu'à l'indéchiffrable parfois. Fusion, infusion, confusion. Confusément ardent, confusément fervent. Et si amoureux. De qui ? De quoi ? Femmes, l'amour n'est-il qu'un rabat-joie ? Femmes, ma tristesse et ma joie, ma souffrance et ma jouissance d'outre-moi, d'outre-tombe, d'entre les morts et par-delà la vie, tel un cri jaillit de l'oubli ! Jusqu'au déferlement de mes mots et de mes sens, de mes sens sans mot et de mes mots plus insensés que le chaos de ma peau de chagrin vilipendée.
Ne plus faire corps mais être son corps, libre et rayonnant, en connivence impudique avec une femme ludique presqu'aussi libre que le temps, dans un profond attachement. Être fidèle à soi-même telle la fleur à son coin de terre tout en folâtrant au gré du vent... Fidèle à l'engagement de celui qui n'est plus tout à fait comme avant, ni tout à fait comme après. Femmes, entre vos bras j'ai appris à aimer et à m'aimer. Devenir peu à peu et

cahin-caha libre, un peu plus libre à chaque fois, à chaque femme sur ma voie. Mais jusqu'où va la liberté dans les escarpements de son humanité ?

Femmes, brunes et frêles, aux yeux de braise caressante, au con assoiffant de luxure, aimez-moi jusqu'à la déraison, aimez-moi à foison. Aimez-moi à vous damner de m'avoir aimé ! Aimez-moi à vous aimer de m'avoir aimé... Laissez-moi m'éjaculer de vous avoir tant désirées, jusqu'à l'orgasme de mes oripeaux déliés. Laissez-moi éjaculer toute ma vitalité et la jouissance de vous désirer. Malgré moi ? Malgré vous ? Malgré nous ? Par-dessus tout.

Je suis un homme boréal ! En mal d'animalité...

Femme, je t'attends. Dans le lit de mes élans. Viens ! Intensément.

MEURTRE

Tuer à tour de bras
saccager des amours purulentes
équeuter son père à coups de bénéfices secondaires
démembrer sa mère d'avoir été sa mère
et cette fratrie qui est sans être
et ces femmes qui ont tant donné et tout autant reçu
et cette vie qui a expiré avant même de commencer à s'exprimer
et ce cœur qui palpite à perdre la raison
et ce corps qui persiste à hurler sa déraison
Tuer la rage au foie
et la peur au ventre d'oser occire
celui qui vous a engendré
celle qui vous a trop étreint de sa *mater dolorosa*
cette fratrie sans cesse chahutée
et ces femmes à qui l'on a trop demandé
et cette vie qui n'en finit plus d'espérer
et ce cœur qui bat pour exister
Tuer sans craindre l'enfer
de toutes les pulsions
Tuer pour s'engendrer
enfin
à l'unisson

FAMILLEs

Liens du sang frelatés qui remuglent affectueusement. Insidieuse prison où la mère, où le père, où le couple enferment ses pinsons dans un nid de peurs indurées et d'amour exfolié. Famille, je te hais de m'aimer, ou de m'avoir mal aimé dans un chaos de sentiments blessés. Trop, pas assez, folie douce, folie furieuse, meurtrissures arasées, petits ou grands meurtres de l'armada filiale, trop de générosité sous la pédale !

Famille, liberté contrôlée par un amour incontrôlé. Famille, blessures mal soignées, mal comprises mais si bien transmises... Famille, prison espérée jusqu'à la nausée. Famille, sourire crispé, sourire crispant, sourire angoissé et angoissant des mal-aimés et des mal dedans. Famille, tendre cheminée où l'on confine toutes ses peurs endurées pour les offrir à la postérité.

Famille, je t'haime tant. L'amour est si mal distribué par le facteur destiné. Si mal exprimé à force d'être agi et agité. Les mots sont trompeurs et cuisants, les actes tout autant. Famille, tempête dans un bénitier d'eau salée ou d'eau douce ou d'eau de Cologne... Voyage sanguinolent à dos d'âne, de chameau, de chalumeau ou de saveurs plus ou moins acidulées. Famille, bouquet d'amours maladroites et apaisantes... quelquefois. Famille, lieu de tous les commencements et de toutes les faims.

Je fus père. Mais l'ai-je jamais été ? Je suis père. Jusqu'à quand ? Je suis le fruit de mes enfants. Et eux ? Je suis leur famille, le havre de leurs tracas et de leurs débordements. Je suis le feu et la cendre du Sentier qui les mène à leurs horizons chancelants. Enfants, l'amour est faillible et l'enfantement bien souvent un égarement, celui d'un enfant qui devient parent. Me suis-je égaré en engendrant ma lignée ? Me suis-je égaré dans ma génitalité ? Famille, agréable tourment entre vos bras d'enfants devenus grands... Pour la prospérité et l'éternité, je suis devenu parent, de moi-même. Le procréateur d'une famille vive d'allant. Allant enfants de la patrie, le jour de croire est arrivé...

Pour ces couples, ces familles miniatures en suspens dans la soupente de leurs désarrois. Ces couples en sursis d'eux-mêmes à tout instant qui se blottissent dans le temps, famille restreinte et contrainte par l'insécurité d'exister. Par la quête d'une chaleur existentielle. Famille, péché mortel ou véniel ? Sais-je aimer ?

SUCE-MOI

Dans la grisaille de novembre, du tréfonds de ton antre, suce ma langue, mes seins, mes tétins raides comme l'injustice qui me fit naître, et mon ventre et la pulpe de mes doigts implorants, et mon gland et ma queue, branle ma hampe intensément, roule mes boules sous tes doigts puis fourre-les dans mon fatal aven anal. Flatte mes sens que je flotte par toi.
Suce-moi que je te sauce de notre joie. Notre joie qui explosera sur toi tel un geyser d'émois. Dehors il fait froid. Dehors il fait noir. La nuit est dense, aussi dense que le trouble qui nous danse. Seules les flaques d'eau reflètent un peu de lumière d'en haut. Nous marchons à grands pas. Au milieu de l'invisible. Au loin, de mystérieux éclats lumineux clignent, phares minuscules qui pénètrent le regard. Nous marchons au rythme de ta voix. Quel est ce lien si ardent qui me relie à toi ? Tu marches et je pense, je te pense, je nous pense, si loin et tellement proche de toi. En toi. Je pense : suce-moi ! Et l'émotion monte. Et le désir s'envole aussitôt. Tu marches et ta voix vole vers moi. Je suis tout près de toi. Je suis en toi. Es-tu en moi ? Et ta voix qui me grise. Extase vocale. Tu es tellement animale. Tellement sensuelle. Suce-moi ! De fond en comble, jusqu'à la moelle de mon entrain extasié. Évide ma chair en tous sens des flux de ma lubricité.
Puis trempe ma liesse au plus profond de toi. Branle-bas vaginal sur une bite à quai, si loin et si proche de toi, dans la lumière tamisée d'un bureau esseulé. Dans le salon se bousculent des comparaisons et des adverbes malséants, c'est la saison, il fait si noir au-dehors qu'on peut bien se tromper au-dedans pour une dame qui s'énerve si aisément... Et plonge dans la nuit noire comme sur son amant...
Suce-moi. Branle-moi. J'implose de toi.
Désire-moi ! Je veux jouir avec toi.
La nuit est un si doux ramage pour les plumages exubérants.

FANTASME ?
petit texte ludique

L'homme la dévêt en haut en l'embrassant sur la
  bouche les joues le creux du cou la bouche encore
— sous ses doigts d'excitation les tétons sont tendus
    —
 La femme le soulage en bas dans un
  cliquetis de ceinturon et des froissements de tissus
— le chibre jaillit il avait omis de se vêtir dessous —
  L'homme jette le chemisier et le soutif à terre
   suçote les nichons comme des bonbons à l'orange
 — écarte la dentelle de la culotte déjà humide et
   flatte une chatte au son haletant —
La femme l'entreprend incontinent branlant son membre
au supplice une main sur le cul l'autre autour de la
     queue
 — le gland perle à grosses gouttes dans sa main qui
    l'écoute —
   la fenêtre ouvre sur le jardin
    il est midi
  le soleil les braise intensément
 seul le catalpa laisse entendre une voix
   essoufflée par le temps
  mais c'est à peine s'il l'entend
La jupe s'effondre tel un chiffon que la femme enjambe
   en gémissant je-ne-sais-quoi
 Ils sont sur le lit maintenant elle a toujours sa
   culotte et son émoi
ils se caressent se pourlèchent s'entremêlent
  s'entrechoquent se poursuivent et se
    pourchassent
 sur un drap qui très vite fait des vagues
    flasques
 l'homme la retourne lui flatte la croupe la met
   accroupie   en levrette
    il fixe
 les moindres gestes les moindres mouvements
 attendant que la trique traque le con et le cul
   sautant de l'un à l'autre
    avec prébendes

La femme obéit aussi affamés que lui les poils
rutilant d'envies
chienne soumise pour un instant de puissance pour
un instant seulement
mais un instant tout de même celui où les sens sont
suprêmes
elle lui mordille le zob en passant alors qu'il se
dirige le torse luisant
et le gland incandescent qui bat la mesure à chaque
avancement
l'homme écarte des fesses pleines d'allant et de
sentiments
un cul qui s'écrie tringle-moi râpe-moi bourre-moi
l'homme la contourne et dans un claquement de chairs et
de concupiscence l'honore en tous sens
l'homme est maintenant allongé en travers du lit
en bataille

elle se redresse et se lève
rejoint ce regard qui la fouaille
le jauge le jubile le lutine
délivre son sexe et l'embrasse goulûment
se penche et le suce et l'étire et l'étend
il est tout pantelant
s'écrie à bout de force et d'arguments
VIENS
la femme l'enjambe séant
dehors le soleil est toujours aussi ardent
...
Sur le lit l'homme les regarde avidement
...
Il dit alors
pendant qu'elle le lutine du con
VIENS
et du regard lui fait entendre
qu'il veut téter son sexe qui s'éveille
s'en gaver en même temps
...

TRANSE SEXUELLE

Émotions démentielles
cœur tambourinant
sens transpirants
sens dessus dessous

suffocation sensuelle
débordée par un hallali sexuel
et la queue qui gémit
et l'esprit qui s'affole
et les images qui s'entrechoquent
et le temps qui s'arrête
et la chair qui supplie
et la peau et la queue et les sens
et cette folie sensuelle
cette voracité sexuelle
et elle qui est loin
et elle et elle
comme une obsession démentielle
comme une bestialité insoumise
comme tout ce qu'il a toujours aimé
sans oser y croire sans oser se l'accorder
La prendre à bras-le-corps
à corps perdu
la dénuder violemment
la violer passionnément
dans tous les décors
que son regard a retenus
la prendre la sauter la tringler
la voir céder
sous son regard incarné
ployer
sous son regard charnel
chavirer
sous ses caresses visuelles
sous la lueur de ses yeux
qui s'immiscent dans ses recoins les plus reculés
et la pénètrent avec une avidité d'affamé
Transe sexuelle
le corps aussi démantibulé que le cœur
et son esprit en mal de baiser
et elle qui se fait désirer... avec
un plaisir à le damner
La folie la folie gagne l'ultime encoignure de sa raison
pourquoi est-elle si loin
pourquoi cette distance qui le coupe du chemin
vers son vagin ses seins ses mains son anal lupin
Transe textuelle
un corps hurle sous la lune

en vain
et les mots qui la déshabillent
avec une énergie de mort de faim
et elle qui sourit
au loin

SUPPLIQUES LUDIQUES

Me répandre sur son visage
en des jets exaltés et tendres
la consteller de ma semence lubrique
la parsemer de ma sagacité phallique
comme on arrose une orchidée
puis la lécher avec une avidité impudique
Ma maîtresse mon amoureuse
mon ode d'ondes charnelles
laisse-moi te désirer en toute trivialité
laisse-moi honorer ton corps
égaré dans mon obscénité libérée
laisse-moi t'aimer d'un amour déchaîné
par mon sexe retrouvé

                                                Véronique

Une petite idée la traverse.
Elle a chaud au ventre, au dos, au bout des doigts qui s'agitent.
Elle touche les feuilles mortes emportées par le vent et juchées sur son corps.
Elle sent le vent la caresser avec une douceur exemplaire.
Elle pourrait alors rêver, vêtue d'un rien pour tout cacher.
Seule une petite idée invisible à l'œil, nu lui aussi.
Sous ses mains juste un sein et puis l'autre.
Sous ses fesses juste l'herbe et la boue.
Elle glisse ses doigts et son corps.
Ouverture incandescente de ses sens.
Chaud devant, chaud dedans, hurle-t-elle doucement.
Ils sont prévenus et en voici un nonchalant.
Il pense peut-être être seul à penser cette petite idée.

Il la déshabille du regard sans effort surhumain, puisqu'un rien l'habille.
Il la toise, la scrute, l'examine et la considère sans modération.
Un con pareil, juste ce qu'il me faut.
Le voici donc écartant délicatement ce con attendant manifestement quelque chose.
C'est alors que lui revient cette idée saugrenue.
A-t-il le temps de penser ? trop tard sa peau s'est collée.
Il en perd la boule et elle s'accroche à tout ce qui roule, râle et rit…
Elle a chaud au con, au cul et attend.
Immobile et collée.

DOUBLE SALTO
texte ludique 2

Allongé sur le lit ouvert aux quatre vents, il offre son corps surréaliste à leurs désirs hédonistes et décalés, à leur lubricité artistique. Un désir singulier. Aussi singulier que la singularité de son apparence incarnée. Elles ne se connaissent ni d'Ève ni de Barbarella, ou à peine plus. Elles sont là pour lui. Et pour elles. Bien sûr. Autant recevoir ce qu'on donne.
La chambre est tamisée. La nuit s'est assoupie, à moins que le rideau ne soit tiré. La saison est indéterminée. Le jour arrive vers sa fin. Elles et lui n'en sont qu'au début de leur faim. De leur soif aussi, puisque l'une sirote un café, peut-être pour avoir plus d'entrain. Peut-être. Elle sirote tout en faisant glisser le long de ses jambes courtes et musclées une jupe qui tombe à ses pieds, en deux coups de reins. La chute dévoile une toison frisottant et un petit cul sémillant. Elle s'arrange pour qu'il voie entre ses jambes les poils perlés, un sourire derrière la tasse. De sa main libre, elle soulève un pan de son pull jusqu'à découvrir un sein émouvant. L'autre se déshabille posément, le regard songeur. Un œil sur sa partenaire, l'autre sur la verge concupiscente qui bat la mesure d'excitation. Elle a des dessous et des dessus qu'elle couche consciencieusement sur un siège nonchalant. Elle est nue beaucoup plus vite que ne pourrait le laisser croire sa

méticulosité. Sa toison est plus chétive, les fesses plus conséquentes et les cuisses plus charnues.
Seul le bruit de son cœur et les froissements de tissus sont audibles alentours. Mais les entend-il ?
Elle monte à l'assaut du lit, rampe vers ces yeux en mouvement, ce regard caressant, ce regard empli d'émerveillement et de luxure impérieuse, vers ces yeux et cette bite qui interrompt son oscillation pour la fixer intensément, une larme ambrée au bout du gland. Elle se penche et la lèche délicatement, du bout de la langue. Puis, après lui avoir jeté un dernier regard, elle engloutit le manche dans sa bouche humide et virevoltante.
Les deux sont brunes, graciles et frêles à l'extérieur, fortes et volontaires à l'intérieur. La plus petite, aux cheveux les plus courts, continue à boire de petites gorgées de son café. Elles ont envie de faire l'amour. Envie de faire l'amour avec lui, de lui faire l'amour, de faire l'amour avec la vie dans ce qu'elle a de plus délurée, de faire l'amour autrement. De baiser !
La plus petite monte à son tour. Toujours la tasse dans la main. Se met à la hauteur de la poitrine de l'amant partagé maintenant débordant de surexcitation. Le regarde avec provocation, toujours le même sourire en coin des lèvres. Et, brusquement, verse un peu de café encore chaud sur la poitrine de l'homme à la mutité étonnée. « Tu devrais essayer », dit-elle à sa complice qui se relève, hésite, prend la tasse, et vide le reste sur la queue et les roupettes. Puis reprend la fellation, tout en lui enfilant avec dextérité deux doigts dans le cul, qu'elle lutine avec un art consommé qui le fait gémir et grimper jusqu'au délire, jusqu'à la reddition de toute pensée, tandis que l'autre lui lèche la poitrine et lui suce les seins en caressant d'une main les fesses et le dos de la plus grande, à peine plus grande.
Soudain elles s'arrêtent, se concertent en silence et...
Les corps bougent autour de lui comme s'il était le pivot de cette orgie. Les corps le bougent au gré de leurs envies. Il voit passer sur sa chair, sa peau en ébullition, une main, deux, trois, quatre, une floraison, et, dans sa bouche, un sein, des grappes seins, aux saveurs, aux textures multiples, une chatte, deux chattes aux fragrances enivrantes, un cul, deux paires de fesses gourmandes, une bouche avec des lèvres fines ou pulpeuses... Il n'a plus de corps, il n'a plus d'esprit. Il est un

amas de sensations jusqu'à l'asphyxie. Il n'y a plus de décence, il n'y a plus de morale. Il n'y a plus qu'un désir trivial, du cul, des cons et une bite amarrée à la jouissance, à la furie des sens. Il ne sait comment, il se retrouve la plus petite accroupie et embrochée sur sa queue de granit rose ou rouge ou multicolore, poussant des gémissements crescendo emportés dans une cavalcade échevelée et violente, pressée de juter, pendant que son visage est enfoui dans la chatte exubérante de l'autre. La chambre n'est plus qu'un concert de souffles haletants, de jappements et de petits cris. Jouissance lubrique au bout de la nuit. Baiser pour baiser. Prendre son pied sans se prendre la tête. S'envoyer en l'air à corps et à cris. Jouir de sa propre bestialité. Se laisser dériver dans la cascade de ses désirs les plus fripons en un ballet pornographique débridé. Avec des femmes effervescentes et jouisseuses, autant que jouissives.

Et puis prendre un petit-déjeuner, l'esprit apaisé et hagard prêt à recommencer. Elles font connaissance. Il reprend corps. Elles ont baisé sur le fil et le feu surréalistes d'un mutant humain qui continue à les baiser des yeux comme pour les provoquer...

« Après le café, il faudrait peut-être passer à la confiture ?... », dit-il en mangeant une mandarine que les deux femmes lui tendent en alternance, dans un mouvement qui fait danser leurs seins...

CRUDITÉ

Nue
à poil
à-pic
à point
le con vaincu
le cul buté
elle déambule dans son lit
autant que dans ses pensées
elle s'ébranle des deux mains
le téléphone murmure à son oreille
il est en elle
dans un incendie d'ondes
il la baise par procuration

elle jouit de lui au loin
sa chatte feule sous ses mains
l'impudeur était verbe
et le désir cru...

PORNOGRAPHIE AMÈRE

La nuit est touffue dans la campagne environnante. Le paysage à peine esquissé. On le devine bien plus qu'on ne le voit. Les chemins sont boueux, l'atmosphère hivernale. Ils déambulent au milieu des champs à grands pas. Presqu'à l'aveuglette. Ils sont seuls au cœur de nulle part et de partout. Il n'y a que le son de leur souffle, de leurs voix animées, de leurs rires et du va-et-vient des cabots. Elle a toujours un pas de charge qui chaloupe entre les ornières. Un pas d'avance. Elle n'a pas de temps à perdre. Elle n'a que le temps de vivre. Peut-être pour ne pas avoir le temps d'avoir peur ? Ou moins peur. Qu'importe, il aime cette énergie-là.

Elle a une voix guillerette et enjôleuse. Ils marchent, il écoute et lui répond... quand il le peut, et de plus en plus distraitement au fur et à mesure qu'ils s'engoncent dans les ténèbres... Il pense en la guignant du coin de l'œil, et il bande impérieusement dans l'étroitesse grandissante de son slip. Il avance et il pense voracement... Un rien l'excite avec elle.

Elle avance innocemment au milieu des ornières, de partout et de nulle part, vibrant au rythme de ses pas et de leurs voix. Il ralentit. Elle ne remarque rien, toute à son envolée enflammée. Se met derrière elle, la saisit à la taille, en s'inscrivant dans ses pas qui ralentissent sensiblement, il l'embrasse dans le cou avec empressement. Elle se cambre imperceptiblement. Les mains quittent la taille et s'immiscent sous l'amas de tissus qui la maintient au chaud. Elle frissonne violemment mais ne s'insurge pas. La chair est presque brûlante sous ses doigts à lui. Elle frémit un peu plus à chaque avancée des mains et du froid. Mais ne dit rien. Continue de marcher comme si de rien n'était. Il lui caresse le ventre. Elle marche toujours, mais ralentit peu à peu. Les mains s'enfoncent vers le pubis. Elle rentre le ventre en une sorte d'aspiration. Lui facilitant ainsi le passage. Ils sont partout, ils sont nulle part, les chiens tournicotent autour de leur regard ailleurs. Ils avancent sur des mottes de terre meubles. Il effleure le pubis, l'empoigne. S'interrompt, tire sèchement sur le pantalon déboutonné et le slip, empoigne les fesses à pleins poumons, les malaxe, les roule entre ses doigts affamés. Elle ne dit rien. Elle ne parle plus non plus. Elle attend. Seul son souffle a changé d'intensité et d'intonation. Lui, les mains enserrant les hanches, la stoppe dans son élan. « Je vais te baiser ! », halète-t-il. Sentant un frémissement du corps tout entier désormais à l'arrêt, et en attente.

Ils sont partout, ils sont nulle part, ils sont déjà ailleurs, sur un chemin de terre et de chairs entremêlées. Un petit vent froid s'engouffre entre leurs cuisses et lui lèche le con, mais elle ne sent rien que ces deux mains qui lui intiment de se pencher en avant. Puis elle entend un cliquetis de ceinturon, le crissement de la braguette et du slip hâtivement baissé. Et le braquemart fouaille la raie de ses fesses déployées sous l'œil de la lune emmitouflée dans un coin de ciel molletonné. Il la brosse de son pinceau rubicond. Le froid réfrigère leurs culs et rigidifie davantage sa queue. Il la liche maintenant intensément du bout du gland. La maintient fermement et pénètre profondément en elle, avec un long gémissement d'aise, dans la fente déployée de la chatte trempée malgré la froidure. Il a l'impression de pénétrer dans un four, tant le contraste est saisissant. Il la tangue voluptueusement, dans un mouvement ample et bourru à la fois et un claquement de chairs qui s'acclimatent. Jusqu'à la sentir prête à céder. Il s'extrait alors, se lustre la tige de salive et s'enfourne dans le trou de son fondement. Il ahane bruyamment, émettant à chaque ahanement des volutes de buée émancipée. Sa voix est infusée dans les gémissements d'elle et les tambourinements volubiles de leurs corps qui chaloupent sur le silence alentour. Il suspend son va-et-vient redondant à l'instant de perdre le contrôle de sa jouissance, se retire à nouveau brièvement et en profite pour enfouir trois doigts dans le con, le regard fixé sur l'immensité du néant devant lui, autour de lui, partout et nulle part à la fois.

La nuit est aveugle, au fond de sa matrice elle sent bien plus qu'elle ne perçoit la présence de ces deux corps turbulents. Dans un ultime coup de reins, il éjecte son effervescence aux confins du souterrain ruisselant avec des soubresauts ardents. Et continue d'exprimer ses émois de sa turgescence finissante, jusqu'à l'entendre émettre des petits gloussements réjouis.

Satisfait, il s'éclipse, lui flatte la croupe et se rajuste. Elle en fait autant, toujours secouée par de petits éclats de rire caracolants.
Et ils repartent en sens inverse. Les chiens au-devant, la lune derrière eux. Et ce froid saisissant...

Comme la peur qui le glace au fond de son lit et de son tourment... Le sexe entre les mains, inerte et impuissant, impuissant à vivre au-delà de ses fantasmes, pétrifié par la mort qui englue son esprit... Il n'est plus qu'un cri, le cri d'un mort en sursis au fond de son esprit agité par trop de bruits... Et la peur qui le glace et l'asphyxie au fond de son esprit... L'impuissance est un poignard qui vrille le cœur et la vie... Il a peur. De lui. Il est partout, et nulle part. Il est ailleurs. Il se meurt. Et se raccroche à la vie. Mélancolie des profondeurs. Une détresse au creux de l'esprit.
Il marche. Dans sa tête. En attendant... On a la pornographie qu'on peut, se dit-il désespérément. Le regard fouillant la photographie devant lui.
Dehors il fait froid. Dedans il fait chaud. Pourtant il grelotte malgré lui. Et sent son sexe se tendre sous ses doigts qui le caressent machinalement. Il se répand sur le cliché mécaniquement. Se lève. Se rhabille. Repartir au boulot. Et ne plus penser. Ne plus fantasmer. Oublier ce sexe qui lui fait mal à la tête et à l'être, autant qu'au corps. Vivre. Ne plus penser. Ne pas penser à cette peur venue de partout et de nulle part qui l'emmène ailleurs, trop loin, trop près, là où il ne voudrait pas mais...
Naître. Renaître. Connaître. Admettre. Pour lui. Pour elle. Pour elles. Pour se retrouver en elles. En elles. En lui... Surtout en lui...
Il marche. Il fait froid. Elle rit. Elle vit. Elle au moins elle vit et elle rit et elle jouit. Mais qui est-elle ? Ce miroir qui le harcèle jour et nuit, jour et nuit. Qui est-elle cette vie, cette existence, cette chienne qui le fuit avec fracas, cette peur surgie d'un trépas ? Surgie d'un trépas... Qu'est un sexe finalement ?
Sexe-dualité entre soi et soi. Et ce désir... Et ce désir... Affolant... Et cette envie féroce et déconfite... Et cette envie... Il est parfois des hurlements...

TELLEMENT

Tellement mort　　　　　Tellement vivant
dans ce corps déchu tellement ardent
et cet esprit si fort et si faible
si faible et si fort
et si rayonnant
et cette ardeur qui tremble
dans l'âtre du temps
et cette vie qui ploie et se déploie
avec la ferveur de l'en-vie
Être Devenir Rester
Homme
Tellement homme
et mourir
Soi
avec la foi du mort-de-froid

« LE PETIT LULU »

Véronique

Il était si petit qu'on le dénommait le « Petit Lulu ».
« Petit Lulu !! », lui criait sa mère, « Viens voir quelque chose… ».
« Petit Lulu, Petit Lulu », se moquaient ses soi-disant camarades de classe…
D'ailleurs en classe, il y allait en traînant des pieds.
Si petit, il était si petit, que chaque pas au milieu des autres était une épopée dangereuse pour Petit Lulu.
Régulièrement, il devait éviter de se faire marcher dessus, écraser…
Si petit que personne ne le voyait. Il était souvent seul à se protéger dans un coin de la cour de récréation en rêvant de son retour à la maison.
D'ailleurs, sa maison était aussi source de quolibets : « Petit Lulu habite dans un terrier, nananananère »…
Il se réfugiait alors dans ses pensées, dans ses rêves, dans son monde, tout petit et si vaste qu'il pouvait s'y perdre.

Sa mère était toujours là pour lui rappeler le chemin, la direction...

Mais il se perdait parfois, affolé, au milieu des grandes herbes, il redoutait les pieds des humains, mais aussi les sabots des chevaux et parfois même la grêle.

Petit Lulu était courageux et voulait faire comme les autres enfants de son âge. C'est ainsi qu'il allait chaque jour sur le chemin de l'école et rentrait épuisé, chaque soir, heureux de se retrouver en sécurité dans sa maison au fond d'un champ.

Le silence, juste les oiseaux, le vent, le soleil qui entrait par la fenêtre et la voix de sa mère, si douce : « Alors mon Petit Lulu, tu as passé une bonne journée ? ». Inlassablement, il répondait oui. Sa journée avait été bonne. Il avait appris beaucoup de choses. Il avait soif d'apprendre mais sentait de manière indéfinie que quelque chose toujours lui échappait.

Plus il grandissait, plus il était petit et plus il sentait que quelque chose était là, devant lui, mais qu'il ne le voyait pas. Il se mit donc à chercher, à essayer de comprendre, d'analyser, d'identifier, de reconnaître, mais...

Comme une boule de neige, à peine croyait-il effleurer et pouvoir attraper quelque chose que tout fondait, disparaissait... Il restait seul les mains toujours plus froides.

Sa quête le conduisait à s'isoler imperceptiblement, un peu plus chaque jour, de tout ce et ceux qui l'entouraient.

Mais il continuait, inlassablement, certain de bientôt toucher et trouver cet essentiel après lequel il courait.

Pendant ce temps, les saisons se succédaient, la maison était d'un calme assourdissant. Les frères et sœurs, les camarades d'école étaient partis par monts et par vaux. L'école du petit village avait fermé.

Petit Lulu s'était installé un endroit bien douillet. Avide de lecture et de connaissances et de découvertes et de tout ce qui faisait le monde, il cherchait et se remplissait, enfermé dans son endroit douillet mais toujours insatisfait.

Sa mère devenue vieille lui disait inlassablement : « Tu devrais sortir Petit Lulu, tu es tout pâle à rester enfermé ».

Peu lui importait, emporté par sa certitude de toucher au but. Il le sentait, il le savait... Bientôt...

Ce jour arriva mais il ne le sut pas vraiment...

Ce jour-là, tout son dans la maison disparut, à tout jamais.

Petit Lulu continuait à lire, regarder et écouter des émissions, reportages, suivait même des cours… Il était devenu une sorte d'érudit ermite.

Les saisons se succédaient. Le soleil se couchait, se levait. Les bourgeons laissaient place aux fleurs, aux feuilles qui se teintaient des couleurs les plus chaudes et tombaient emportées par le vent d'automne, comme Lulu, si petit, s'il était sorti pour sentir l'odeur de la terre d'automne.

Un matin qui aurait pu être comme tous les autres matins, il se leva et perçut ce silence. Inquiet, il regarda autour de lui et tourna dans toute la maison.

Quelques toiles d'araignées, des fleurs fanées, desséchées, de la poussière…

La maison semblait abandonnée depuis des années. Elle était humide et sentait le renfermé.

Il appela, cria et prononça une parole qui le surprit lui-même. Sa propre voix l'affola. Il courut se réfugier sous son lit. Il appela sa mère longtemps et comprit…

Ses yeux s'emplirent de larmes à tel point qu'un petit ruisseau se créa coulant de manière bizarre, traversant la maison. Il décida de suivre son cours et sa direction et traversa chaque pièce. Vide. À chaque pas des souvenirs l'envahissaient. Dans chaque salle des sons, des voix lui revenaient. À chaque mouvement, le souvenir de cette vie qui était passée l'envahissait et le torrent de larmes devenait de plus en plus tumultueux.

Inquiet de se dessécher, Petit Lulu décidait d'arrêter de pleurer.

Il se souvint alors de tout ce qui était et de cette vie qui l'entourait.

Sur la rive du courant il vit çà et là des fleurs éclore, des buissons prospérer. Il s'assit sur un rocher et contempla le spectacle magnifique d'une nature infinie et douce. Il s'allongea et s'emplit de la chaleur et de la force de cette roche. Ses pieds glissèrent dans l'eau. Ses yeux se fermèrent.

Il ne savait pas combien de temps il s'était endormi. Une bouteille qui flottait l'avait éveillé.

Il y vit une feuille de papier qu'il reconnut immédiatement.

Sa mère avait un papier à lettre comme celui-ci. Dans un sursaut de joie, il attrapa la bouteille, fébrile. Il l'ouvrit et en sortit le petit bout de papier. Que lui disait-elle ?

Lorsque ses yeux le découvrirent, Petit Lulu n'arriva pas à y croire…
L'encre utilisée était transparente.
Il décida alors de s'enfermer dans son bureau pour déchiffrer, comprendre, lire ce qu'elle avait voulu lui dire.
C'est ainsi que les saisons passaient, le temps mourait. Les arbres ployaient sous le poids des fruits gorgés de soleil et Petit Lulu lisait.
Rien. Le transparent. Le vide. L'invisible. L'inexistant. Il plongeait dedans avec plus d'avidité que jamais.
Cette fois il SAVAIT ce qu'il cherchait, agrippé à ce morceau de papier.
Il l'avait sous les yeux. Il lui suffirait de reconstituer l'invisible et il pourrait enfin…
« *Enfin quoi Petit Lulu* ? », lui susurra une voix qu'il n'avait jamais entendue.
Il sursauta.
Il se mit à chercher d'où provenait cette voix.
Après quelques temps, elle lui sembla familière.
Il crut même la reconnaître.
Il sortit pour la suivre.
Ses yeux furent éblouis par le soleil.
La vie était là. Depuis tant de temps.
À portée de son regard… devenu aveugle…

PETIT CUL

Une verge qui diverge
devant un petit cul suspendu
aux déconvenues de sa vie
Et un petit cul libre et étreint
que le désir déculotte
d'un coup de rein
Un petit cul joufflu
qui virevolte sans retenue
sur une queue d'airain
Petit cul juvénile
près d'un con flamboyant
qui vaticine ardemment

Deux sexes convergent
dans une envolée de chairs
et de foutre qui s'esclaffent
autour d'un petit cul
aux fesses éperdues...

OÙ

Entendre le silence haleter
lorsqu'elle déplie ses jambes
sur sa vulve assoupie
et sentir le désir de la lumière
à chaque reflet sur sa peau
à chaque caresse sur sa chair
Où est le sens de toute chose
où est l'essence de nos émois
Elle chahute les sentiments
à tout bout de champ
à bout de souffle et d'élan
l'amour est à claire-voie
dans le clair-obscur de nos corps
sanglants elle doute tant
Où est l'essence de nos cœurs
où est le sens du bonheur
Sentir haleter le silence
qui se repaît de sa vulve
suspendu à nos errances
et entendre le désir
qui crépite à la lumière
de sa chair soudain intrépide
Où est la source de mes mots
où est le verbe singulier de nos regards pluriels

ORGIE SOLITAIRE

Se repaître de femmes
plantureuses au-dedans
et graciles au-dehors
tous les appas flottant
sur le gréement de leurs corps

et rompre les amarres
de la morale et de l'esprit
Fondre sur des culs terrés
sous des amoncellements de draps
et d'émois orgiaques et scabreux
les cons toutes voiles dehors
gloussant des allégresses
inondés de désirs et de soupirs
d'aise qui congratulent la vie
Et ce stupre foutraque qui surgit
d'un gland aussi écarlate
qu'un soleil couchant
pour éclabousser des chairs
de délectations sexuelles
le plaisir est une constellation
qui remplit le ciel d'émotions
Il ouvre un œil le deuxième
les nuages encombrent sa fenêtre
il s'étire avec perplexité
la nuit fut courte et agitée
il se souvient encore
de ce qu'il a rêvé gaillardement
entre ses jambes il sent
la trace humide de son débordement
Elle lui manque décidément...

PLATITUDES

Ces morts qui déambulent
avec l'arrogance des vivants
le regard étreint
les sentiments contraints
Ces morts qui s'agitent
avec la pesanteur des grabataires
le cœur plus bas que terre
et l'ennui en bandoulière
Ces morts aux désirs éteints
qui font semblant d'être vivants
par peur de mourir
tout bêtement

AURORE

Nos esprits souillés par la peur
de l'extase
et cette enfance condamnée d'avance
sur le bûcher
d'une certaine inhumanité
Vivre tout de même
vivre par-dessus tout
au sortir des égouts
d'une existence en instance
de rupture et de césure
Et nos esprits évadés d'une fatalité
d'outre-tombe
Renaître des cendres de son passé
dans le pré
d'un présent retrouvé
pour se désirer intensément.

INFUSION

Elle est la nuit je suis le jour
je suis la nuit elle est toujours
elle est la mort je suis la vie
je suis la mort elle est l'envie
elle est raison je suis folie
je suis le sang elle est le feu
je suis la mouche que gobe son bec
elle est la fleur que hume mon esprit
je suis la glaise que caressent ses mains
elle est le puits que pénètrent mes mots
Quel est ce lien qui nous toise et nous tisse
sur l'écheveau de nos échos
quel est ce sentiment qui échappe à la prison
de tout entendement
Je suis amour elle est plaisirs
elle est amour je suis désirs
je suis le corps elle est l'esprit
elle est le corps je suis le cri
je suis la voix elle est le geste
elle est la voie je suis la source
Je suis le sens surgi de sa chair à vif
elle est la lumière au fond de mes ténèbres

je suis l'oiseau sur sa branche
elle est le sexe de mon essence
Je suis elle est nous sommes
mais que serons-nous
dans l'étayage coloré de nos maux ?
Nous sommes infinis
aussi infinis que le firmament
qui nous attend.

ALEZAN

Apprivoiser les sentiments qui galopent en elle, et sa cambrure au creux du firmament et son allure pleine d'allant et sa liberté qui n'en a cure, apparemment. Apprivoiser cette jumelle qui violemment se cabre au plus petit coup de vent, au moindre effleurement du licol sur sa souveraine encolure.
Apprivoiser son cœur autant que ses sens, sa chair et son esprit, l'esprit de sa chair, la chair de son cœur et le cœur de ses sens aussi insensés qu'indomptables. Apprivoiser la lumière de ses yeux qui crépitent sous tous les cieux avec l'allégresse inquiète d'une libellule en liesse.
Chevauchées débridées entre ses membres effrénés, de caresses en baisers, tandis que nos corps vont l'amble sur un lit de fougères éprises. Chevauchées délurées, sa crinière sur mon nez et sa poitrine qui sillonne le décor chahuté de mon corps assoiffé d'ivresse, sous une lune étoilée.
Et le trot de nos lèvres affamées dans un élan déchaîné, et nos sexes excités jusqu'au débordement de nos chairs dans les 30e rugissants de nos antres... en partance vers leur confluence. Je suis l'hongre et la lumière de cette amazone qui fait corps avec elle-même, tel un centaure égaré.
Flancs frémissants, cul gémissant, con caracolant, regard écumant, le galbe dansant, elle chevauche cavalièrement mon allure dégingandée d'ombre immobile. Flamboyante et sombre, à fleur de vie et de peau, de nerfs et d'air, elle déboule dans les méandres de mon esprit, apparaît et disparaît à souhait.
Elle galope, elle renâcle, elle rue, elle rompt, elle provoque, elle repousse, elle revient, elle repart, avec pour seul enclos l'horizon qui l'habite et ses appréhensions. Sauvage et impétueuse, impérieusement elle parcourt les saveurs et le temps à la recherche des sentiers qui mènent au pré des amants.
Libre animal aguerri aux tempêtes et aux effusions de la vie qui s'abandonne et se replie, s'offre et se reprend, veut et ne veut plus,

peut et ne peut plus, espère et n'espère plus, qui va, vient et vit au rythme de son souffle et de son être déployé dans un cœur à corps énamouré.

Comment ne pas aimer cette petite folie frêle ? Comment ne pas désirer cette liberté enchaînée à elle-même ? Nous ne sommes que nous-mêmes. Je la regarde s'élancer et je l'attends, elle s'éloigne, et elle revient. La vivre de près ou de loin, pour vibrer au moindre instant de flammes et d'élans qui se donne ardemment.

La vie fait des vagues comme les sentiments qui nous lient et nous relient et nous refluent et nous conspirent et nous libèrent à chaque débordement. Nous sommes notre propre mystère. Nous sommes notre seule vérité. Alezan, chevaucher ventre à terre à tes côtés et me libérer de mes entraves.

Ah le bonheur et la douleur de t'apprivoiser sans jamais t'atteindre ! Ah le bonheur de t'étreindre sans jamais t'enfreindre ! Et l'esprit qui fléchit et la nature qui nous transporte et le temps qui défile, et le jour et la nuit, et la vie et la mort. Naître et renaître toujours, différent et semblable, identique et autre.

L'éternité est maintenant. J'aimerais me blottir contre elle mais elle galope pour le moment. Attendre pour atteindre encore une fois le point culminant. La liberté est un sentiment qui s'allume et s'éteint continûment, telle cette jubilation qu'elle ébroue de temps en temps sur mon être reconnaissant de chevaucher sa relative liberté.

Il est des amours ébouriffantes. Il est des attentes décoiffantes. Il est des vers sans rime ni raison. Il est une pouliche qui se pourlèche en toutes saisons, sous les yeux d'un vieux canasson qui poétise le moindre horizon, comme on tisse des émotions. Pendant que sa muse galope à foison...

CRÉCELLE

Déposer la crécelle
dans un champ de luzerne en fleurs
le regard de l'esprit dessillé
devant cette vie qui réfrénait la Vie
Il se sent libéré
mais est-il libre ?
Il se sent libéré d'un peu de lui-même
de son hymen mental
tel un horizon embué qui soudain s'éclaire
dans le souffle d'un nouvel été
Déposer la crécelle sur la margelle des pestiférés...

TRIVIALE POURSUITE

Un doigt dans son fondement ému
deux doigts qui baratinent sa vertu
et le pouce qui lutine le surplus

Clito con cul pissant de joie éperdue
sur nos corps éclatés de rires charnus
lorsque le désir est impromptu

Jouir d'une jouissance que les sens
encensent de voluptés impudiques
le con aqueux et la queue accrue

Ô ce lotus bondissant d'une verve
sexuellement transmise avec retenue
qui les porte subitement vers les nues

Il déplisse les fesses déploie le con
comme s'il ouvrait un livre de prières
et la truffe de boules de geisha altières

Gémissements claquements de peaux
de bouches de sexes et de sang chaud
l'ode triviale construit sa cavale

Le plaisir est un grand je

ABEILLE

Elle me butine de pétale en pétale, d'âme en esprit, de corps en chlorophylle. Je la parfume et la nourris. Elle me butine de jour comme de nuit. Elle s'en vient, elle s'en va, elle vole par-ci par-là, à petits coups d'élytres et d'émois, et s'en revient et s'en repart. Vivre l'ivresse d'une rencontre ogresse, immobile sur sa tige telle la Lune sur l'horizon, seulement bercée par le mouvement du temps et d'élans ingénus. Immobile et pleine de vie, de saveurs et d'envies. D'envies de vie et d'elle qui me butine avec parcimonie, à défaut d'ailes pour la suivre dans ses échappées belles remplies de replis, belles comme un vulpe des prés qui s'étire et s'étend dans la lumière et le vent. Elle me butine et je ris. Elle me butine puis je l'attends, patiemment, au bord d'un chemin, au sein d'un pré, je l'attends et me réfléchis dans le miroir tantôt limpide tantôt trouble qui nous réunit de jour comme de nuit, près d'une flaque ou d'un étang. Elle me butine et je souris. Elle me butine et embrasse mes étamines, fugacement ou intensément, selon l'humeur de ses sentiments ou de son appétit. Mais que j'aimerais l'enlacer de ma corolle qui vibre au moindre souffle d'air libre ! Hélas, elle vole, elle vole tant par monts et par vaux sur les sentiments et la chair de la terre, dans le tréfonds des bois ou des océans. Elle vole et je l'attends, je la rêve, la dessine, et je me vis dans mon immobilité gorgée de sève, le cœur battant, les sens haletants. Elle vole et me butine, vole encore de sa liberté volubile. Le jour, la nuit, sous l'azur épanoui ou la pluie ou la grêle ou l'envie ou le jour ou la nuit. Je la suis, je la précède, immobile et pleine de vie, de couleurs et de suie. Elle est ce que je ne suis pas. Je suis ce qu'elle n'est pas. Elle me butine, elle me jouit. La vie est un immense lit où la différence copule avec luxuriance, mon ami. Ainsi va l'existence dans la nature des choses et les choses de la nature, sans a priori, rien que des envies de vie. Elle est partie. Elle reviendra. De sa Normandie ou d'ailleurs...

Et moi, frétillant au vent, au fond d'un pré, au creux d'un chemin, sur les vagues d'un océan vert qui me brasse à coups de vents et de reins, je l'attends. Je l'attends... Emplie de sève et d'élans... Du désir qu'elle se pose encore sur ma corolle d'or, et me savoure d'une trompe friande enfouie en mes pistils réjouis...

Bon sang, qu'elle me butine du bout du cœur et des dents ! Et que ma vie s'envole sans effort en dedans. Vers la ruche qui bruisse au milieu d'un champ de fleurs en pâmoison. Il est des horizons sans saison...

DÉCHAÎNEMENT

L'esprit en feu
le corps en flammes
les sens à cor et à cri
la chair au bord de l'apoplexie
les seins la bouche les lèvres la langue les yeux le cul qui clament
et le sexe
jusqu'au tournis
chevauchant une débordante envie
dans un déchaînement des pulsions
loin de la raison et des oraisons
sodomie et fellation au Panthéon de la luxure
bouillonnement sensoriel
dans une émulsion émotionnelle
n'être plus que sensations
un débordement sensuel
une tempête charnelle
jouir
jouir à en perdre l'haleine
n'être plus que sensations
un radeau médusé
jusqu'à l'explosion
le regard titubant
et reconnaissant
à profusion
Enivre-moi !
Mourir d'extase...
Au moins une fois...
Rendre grâce...
Entre tes bras.
Dehors il fait gris dehors il fait froid dehors il fait pluie dehors il fait vie
l'esprit est en feu...

MA SŒUR

Ma sœur
que la vie a drossée sur ma grève
tel un souffle de soie brute et éphémère
nous nous sommes tant désirés – nous désirerons-nous encore
dans le courant d'une existence imprévisible
comme on désire la vie qui s'était égarée dans l'oubli
comme on désire boire à la fontaine du sens
Tes entrailles vont vents contraires
tu n'as plus de chair pour moi
et ce corps qui s'éloigne et ce temps révolu
et cette flamme et ce feu qui m'ont consumé
sur le bûcher des sentiments impétueux
et cette volupté sauvage qui m'a ressuscité
autant que tes lèvres et tes mots déchaînés
Ma sœur
il est temps de nous aimer
aussi intensément que le jour aime la nuit
aussi tendrement que la fraternité de nos élans

RÉVEILLONS...

L'année s'endort
l'espoir se meurt
le temps trépasse seconde après seconde
les pétards pétaradent
les feux artificent
au milieu d'une cacophonie ambiante
un brouhaha de fête
où l'on s'entend à peine
mais où l'on s'aime tant
dehors l'hiver est clément
dedans c'est une agape de lumière et de chair pantagruélique
0:00
les vœux s'embrassent
la vie est une immense roulette russe
aux suivants
et bonne année à tout le monde

0:05
la vie bascule
dans un baiser de la mort
il faut tourner une page
avec le calendrier du temps
un amour s'éteint
un désir se tait
et ces seins et ce sexe et ces lèvres
qui n'offriront plus
la saveur et les ardeurs de leurs vertus
réveillons-nous à nous-mêmes
à un autre temps à une autre vie
la liberté est à ce prix
Mais qu'est la liberté ?
Qui m'attend ?
Une femme a été une femme sera
RÉVEILLONS-NOUS !
La vie en joie.

TÉNÈBRES EN FLAMMES

Noir
un soleil noir
sur une neige blanche à l'infini
elle a l'esprit dardé de douleurs
un âne bêle au loin et
sur le clocher un corbeau piaille du chagrin
elle a la chair lacérée qui geint
elle a le cœur ébréché par un débordement
sur la neige blanche des pas et des larmes
l'amour est un ébranlement
les ténèbres sont en flammes
il faut avancer pourtant
rejoindre l'horizon d'une lumière qui chancelle
et lui au bord du ravin au seuil du lendemain
l'amour est un déchirement

CAP DE BONNE-ESPÉRANCE

Renaître à nous-mêmes
après être morts foudroyés
consumés par nos sentiments
distorsion émotionnelle
j'ai quitté ta rive
l'océan m'attend
il a des yeux si apaisant
mais comme une étoile au firmament
je te retrouverai sur la grève
tel un frère émancipé
par nos jeux d'antan

INTEMPÉRIES

Vive la neige
à gros bouillons
cette blancheur immaculée à l'infini
immaculée consomption à perte d'horizon
roule ma cool sur les routes en tire-bouchon
la vie patine sous les semelles à crampons
mais dehors et partout c'est une féerie
en trois dimensions
vive la neige
un bonheur des saisons pour mamies
en mal de frissons
et qu'importe le boxon et quelques gnons
l'hiver est en pleine pâmoison
avec les enfants petits et grands
qui l'enjambent allègrement

INSOUMIS

Ma vie est tissée d'ombres et de lumières
d'aurores et de crépuscules prospères
J'ai vécu tellement d'enfers
que chaque souffle d'amour est un coin de ciel ouvert

J'ai grandi entre les bras de femmes au cœur fier
j'ai fait rire j'ai fait pleurer
je suis mort et je suis né
j'ai grandi entre les bras de femmes au corps lierre
Comment te dire ce que tu m'as donné
avec toi j'ai trouvé un peu de ma liberté
et comme un chien qui soudain s'est échappé
je me suis envolé pour mieux t'aimer
Hier et demain se sont entrechoqués
je te retrouverai sur un chemin de vérité
« Je suis le capitaine de mon destin
je suis le maître de mon âme[2]... »
J'ai grandi entre les bras de femmes au cœur fier

ET LA CHAIR SE FIT LE VERBE

Il est mort
il s'en est allé
avec la brusquerie de son vivant
il n'est plus
les étoiles l'ont englouti
il est mort et je suis envie
un homme dénié a repris vie
comme si le sens avait retrouvé son chemin
il est mort
l'amour et son chagrin
ont explosé entre nos mains
la mort est un refrain
sur lequel danse la vie
Je suis vivant

PAGE FROISSÉE

Cette bouche que j'ai embrassée
ce corps que j'ai désiré
ce regard qui m'a braisé

---

[2] Nelson Mandela.

ce cœur que j'ai aimé
cette femme qui m'a enflammé
cette chair qui m'a incarné
cette peau qui m'a enveloppé
ces mains qui m'ont caressé
tout s'est éteint
dans une déflagration de sentiments
l'amour a trépassé
sous un amas de soubresauts blancs
il reste le désarroi
et cette fraternité indicible
qui survivra
si
si la nuit est plus belle que le jour
si les souvenirs ardents sont plus forts que le trépas
si le cœur s'ouvrira au temps
...

REVE EN NOIR
Véronique Cohier-Rahban

C'était elle qui la suivait.
Elle l'observait, tandis que ses pas de plus en plus lourds la conduisaient sur cette terre gelée.
Ses yeux étaient rivés sur ce long corps qui la précédait. Affiné à l'infini. A vue de nez, 32 mètres et des poussières de terre. Il la tirait, infatigable, marchant sur cette terre labourée, froide, collante.
Ses yeux admiraient son incroyable facilité à se déplacer. Une danse improbable. Une reptation qui suivait un rythme imperceptible, sautant de bosse en creux. Marquant tout sur son passage sans une seule empreinte. Noire et silencieuse, elle la tire, s'étale et s'étire de tout son long.
Elle la tire.
Vers quoi ? Qu'y a-t-il si loin, d'inconnu, qu'il faille se fondre sur cette terre noire juste rosie par ce soleil froid qu'elle ressent sur son dos ?
Et ce vent glacial qui la pousse vers ce qui l'attire…
Un vent du nord, dur.

Or dur du soleil couchant.
Elle ne sentait plus que ses cuisses comme deux piliers de pierres dures, froides et lourdes.
Son corps meurtri englouti dans son regard qui s'absentait une nouvelle fois en elle.
Noire, fine, légère, de plus en plus longue. 34 mètres 50 ?
Vive et vivace. Attachée à elle, collée à elle.
Elle se moquait. Elle entendait sa voix dans ce silence venteux : « Alors tu viens ?! Tu te décides ? » Elle la suivait encore, voulant répondre à cette funèbre invitation. Le froid la dévorait tandis que des rêves l'envahissaient, le regard perdu dans cette ultime promesse venimeuse.
Elle sentait confusément son corps s'alourdir.
Cette infinie poursuite l'éloignait toujours un peu plus de cette douce chaleur. Elle la laissait derrière elle, courant après cette chimère spectrale.
Son corps semblait disparaître dans la lourdeur du froid tandis que ses yeux fixaient celle qui glissait, si légère. Elle l'enviait. Ses yeux la buvaient et voulaient aspirer cette légèreté de son être qui lui échappait. Toujours la précédant, toujours en mouvement. Comment l'arrêter et s'en saisir ? Elle voulait être si légère.
Son corps souple et léger, comme elle.
Comme cette ombre qui ne l'attendrait jamais.
Son ombre qui se riait de sa confusion. Elle, ne sachant plus où elle allait…
Ce sont ses jambes si lourdes, faites d'énormes colonnes gelées qui décidèrent pour elle. Elles tournèrent les talons, la mettant face au soleil.
Ses yeux aveuglés par tant de lumière tournèrent le dos à cette ombre si légère et si fluide.
C'était elle l'esclave noire, telle une liane qui l'enserrait.
Maintenant, c'était à elle de la suivre.

HORRI-PEAU
Véronique Cohier-Rahban

Cette peau qui se traîne tel un vieil oripeau laisse tomber derrière elle des lambeaux de tissus noir sanguinolents.
Pourtant il n'en reste rien. Aucune trace autre que ces trous sombres et sans fond sur une terre dévastée.
Translucide et couverte de cicatrices invisibles, elle suinte.
Marchant dans cette allée boueuse, elle s'y est arrêtée... Encore embourbée. Immobilisée.
Cette boue qui s'infiltre l'alourdit d'un poids légèrement nauséabond.
C'est là qu'elle attendait, silencieuse. Cette peau absorbait cette vase par ces traces de mâchoires laissées par tant d'attaques avortées.
Elle avalait, insatiable, moitié gavée, moitié repue de ce vide béant merdeux, boueux, glissant en elle si finement. Une bouillasse qui s'infiltrait sans fin. Jamais.
Une faim de boue ou de loup pour cette vie ?
Cette peau ne sachant pas répondre enfantait un manteau invisible ne retenant ni la bouillasse à l'intérieur, pas plus qu'elle n'empêchait ce magma avide de mordre à pleines dents cette si délicate peau de plus en plus déchirée.
Horrible peau. Écorchée à tout jamais.
Des mains inertes n'étaient pas si loin.
Elles l'approchèrent, attirées par ces marques... d'une faim de loup ou d'une fin boueuse ?
Elles n'auraient su le dire occupées qu'elles étaient à caresser si doucement dans cette immobilité mouvante cette fine couche si délicatement ornée de si jolies cicatrices.
Ces mains inertes passaient et repassaient. Sans fin elles caressaient, animées par ce travail d'orfèvre. Tantôt accrochant, tantôt décrochant, elles ne savaient quoi ni où.
La vie envahissait à son tour ce caniveau. Les mains avides participaient à la réalisation d'une étoffe improbable.
De cette fine peau meurtrie et ensanglantée, des yeux absents auraient pu contempler ces coutures si fines et délicates que cette pauvre frusque jusque-là inutile s'était transformée en un voile doux et solide de soie sauvage.

Ces mains assoiffées de beauté cousaient sans relâche chaque déchirure. Elles s'appliquaient à coudre ces lèvres autour de ces bouches encore hurlantes les rendant à tout jamais muettes.
A tout jamais ?
La pluie les aidait de temps en temps à laver cette boue découvrant une soie de plus en plus lumineuse.
Ces yeux absents auraient certainement remarqué cette averse plus puissante et plus longue. Ils auraient pu voir au loin gonfler ce torrent de boue de plus en plus vigoureux.
Cette force boueuse indomptable qui emporterait tout sur son passage.
Cette fange puante séparerait à tout jamais ces mains inertes qu'elle poserait sur la rive.
Elle envahirait alors tranquillement chaque maille de cette soierie.
Elle roulerait cette pauvre peau, dont les mâchoires à peine adulées, sa peine recousue, hurleraient à nouveau un rire à gorge déployée.
Un gouffre. A nouveau déployé.
Il ne reste plus qu'une pelure pleine de lambeaux saignant goutte après goutte de terre meurtrie à tout jamais.
Une fripe dont personne ne voudra, que personne ne verra.
Déchirée, perdue sur une terre mouvante à moitié ensevelie.
Dans une terre balayée par un vent froid, sec.
Perdue dans un désert desséché, à tout jamais infertile.
À tout jamais ?

LE TUMULTE DE NOS SENTIMENTS

Le tumulte de nos sentiments
S'entrechoque douloureusement
L'amour n'est plus le désir n'est plus
La nuit a englouti le jour
Les corps sont gourds les esprits lourds
Des larmes ruissellent des cris craquellent
Que les sentiments sont malentendants
La chair se fissure les sens sont obscurs
Dans le tumulte de nos élans effondrés

Le temps arrête de respirer
Nous nous sommes tant aimés
Et pourtant…
La mort a transi nos caresses tellement éprises de nos corps
La mort a détruit ce que nos cœurs et nos regards avaient si bien construit
Il ne reste que la vie au fond de nos entrailles
Il ne reste que la vie insatiable et les souvenirs d'un amour mémorable
Échoué tristement dans le tumulte de nos sentiments

SILENCE…
Véronique Cohier-Rahban

Noir et vide, ce silence l'envahit.
Elle traîne des pieds, seulement accompagnée de sa suivante fidèle et discrète.
Depuis quelques années, elle croyait l'avoir perdue de vue, perdue à tout jamais.
Cette fois elle l'a reconnue, toujours autour d'elle à attendre.
Inutile et perfide, Elle lui a fait une promesse, toujours la même, qu'elle ne tient jamais.
Et pourtant.
Dans ce noir, elle marche et geint.
Dans ce vide, elle flotte lourdement et s'enfonce.
Dans ce silence, elle se noie en lançant un cri désespéré et muet.
Perdu dans les limbes, il s'évapore, emporté par un vent insolent qui le traîne et l'entraîne dans un trou sans fond et sans fin.
Un puits noir dans lequel son hurlement muet déchire ce vide qui s'en fout.
Silence, Elle tourne.
Toujours présente et si discrète.
Sans enveloppe, sans bruit, sans couleur, sans matière.
Sans rien.
Un rien désespérant dans lequel elle l'entend et la voit.
Par Ses yeux vides elle se sent surveillée.
Par Ses mains froides elle se sent caressée.

Sa peau part en lambeaux amassés par Ses mains squelettiques qui lui arrachent avec volupté.
Une voracité attirante pour une dernière danse macabre perdue seule dans cet obscur sans fin.
Silence, Elle lui tourne autour.
Apeurée ou attirée, perdue seule à tout jamais ou accompagnée, elle avance sous ce ciel sombre, plombé.
Ses yeux s'emplissent de ce noir qui la transperce.
Son corps est enseveli dans cette masse noire aérienne alourdie comme de la terre qui la recouvre petit à petit.
Silence, Elle lui tombe dessus.
Elle les sent ces pelles de terre qui la recouvrent.
Elle les sent recouvrir ce qui lui reste de corps presque mort.
Elle étouffe.
Son cœur s'accélère et sa respiration l'écrase.
Noir de jais, noir sans fin.
Au loin, au plus profond de ses entrailles tout est noir.
Perdue.
Invisible mépris de cette Pute qui se réjouit d'avance toujours silencieuse, plus noire que cet air qui lui manque.
Silence, Elle rit.
Cette fois, elle la tient dans ces serres et lui lacère les chairs violemment.
Un sang d'encre jaillit et dévale de tout son corps.
Le reste de sa vie s'enfuit et se perd dans les ténèbres.
Effondrée sous cette terre noire, un dernier son rauque s'échappe d'une bouche dans laquelle la terre commence à s'engouffrer.
C'est à ce moment qu'elle les entend.
Au loin, portées par un vent doux qui lui caresse le visage, elle entend leurs sons.
Un son doux qui traverse cette épaisse obscurité.
Un son que ses oreilles avalent, avides d'une enveloppe légère.
Très loin, des clochers laissent retentir cette musique qui l'éveille brusquement.
Elle a juste le temps de se demander si c'est Elle qui les a conviées.
Que fête-Elle ? Sa victoire ?
Un enterrement alors…
Sa respiration est imperceptible.

Perdue et invisible dans ce noir si profond.
Une autre fête peut-être ?
Elle s'évanouit.

INVISIBLE DOUBLE
Véronique Cohier-Rahban

Elles sont là côte à côte et ne se sentent pas.
Elles cheminent parallèles et ne s'entendent pas.
Elles marchent d'un même pas et ne se voient pas.
Un squelette froid.
Des os blanchâtres.
Des ligaments, des muscles, des organes qui animent cette marionnette blafarde.
Ses doigts squelettiques s'agrippent à un fil invisible.
Accrochée, une enveloppe flotte portée par le vent.
Un vent qui l'enveloppe et la fait danser.
Un vent qui lui souffle un faux air de joie déjà entendu.
Elles ne se voient pas.
Elles sont doubles.
L'une est l'autre.
L'une et l'autre.
Invisibles l'une à l'autre.
Aveugle et sourde l'une et l'autre de l'une à l'autre.
La nuit les sépare.
Seule la lune brille.
Un souffle les unit.
Invisible légèreté.
De ses doigts sur elle.
De son corps en elle.
Il lui suffirait de se laisser glisser.
Juste se toucher et laisser les radicelles l'envelopper.
La coller à elle.
S'enraciner elle-même.
S'enraciner en elle.
Se souvenir d'elle au plus profond du vide où elle s'est perdue.
Se retrouver, se voir dans un miroir sans reflet.
Allume la lumière et regarde.

Vois-les. Voile-les.
Ces deux invisibles qui sont une.
Elle veut la vêtir.
L'autre elle. Elle ou l'autre.
Laquelle des deux ?
S'enraciner et attendre.
Quoi ?
Attends.
Quoi ?
Tu verras.
Attends.
Ne bouge plus.
Laisse les racines prendre.
Laisse le soleil les éclairer.
Laisse la lumière les unir.
Laisse le vent les ensemencer.
Attends encore.
Ne bouge pas.
Laisse la terre la nourrir.
Laisse la terre te nourrir.
Regarde là pousser.
Regarde-toi pousser.
Approche-toi de toi.
Sens tes racines puiser la vie au plus profond de cette terre qui te porte.
Je suis.
JE…
…me laisse V.

AILES ÉMOIS

JE L'AIME

Ce cœur en pleurs
ce sexe étreint
verge qui diverge sur sa finalité
et moi qui me cherche émois qui me trouvent
dans les bras de l'amour
le corps de la vie
la chair du devenir
l'avenir est aujourd'hui
mon amour
dans cet amour ressuscité
d'entre l'agonie de blessures entre-déchirées
et cet amour qui nous construit
dans l'effervescence de nos sexes insatiables
le bouillonnement oppressant
de nos cœurs dénudés d'être peu à peu libérés

L'émotion étreinte de souvenirs mortifiés
submerge soudain la douleur jusqu'alors entravée
je l'aime
et j'ai mal d'aimer
mal à la vie qui jaillit du plus profond d'un désespoir désespéré
je l'aime le cœur battant le corps tremblant
et ce désir comme une évidence troublante comme une urgence
qui suis-je qui sommes-nous
que sommes-nous
dans le foyer de l'existence
des flammes qui dansent au gré d'un souffle indicible et mystérieux
je l'aime

PRONOMS POSSESSIFS

Mon corps contre le sien
ma chair sous la sienne
mes yeux caressant son être
ma peau louant la sienne
mes mains sur ses seins
mon cœur empli du sien
ma bouche inspirant la sienne
ma langue sur ses intimités
mon sexe respirant le sien
mon amour dans son désir
mon désir dans son plaisir
mon plaisir dans son regard
et mon regard qui la caresse
et la dévore et la caresse encore
ma vie m'appartient
plantée à corps éperdu
sur l'horizon de mon chemin
le bonheur est entre nos mains

RESTAURANT

Jupe désinvolte sur chute de reins loquace
avril refroidit les ardeurs d'une bise printanière
pourtant il est un sexe que rien n'affole
un sexe qui bruine sous la caresse d'un regard
malgré la fraîcheur d'un soleil balbutiant
et cette jupe qui d'un mouvement s'égare
afin d'ouvrir l'horizon à un désir de saison
Pubis en pâmoison les yeux pleins de frissons
devant la vulve ardente et rieuse aux lèvres
pleines de faconde et de fougue
avril embrase la fugue de nos sens printaniers
et le regard gourmand suspend son vol
à cette corolle épanouie qu'il affleure
il est vraiment doux d'être l'amant d'une fleur
dehors il pleut dedans il aimerait la butiner
avril s'ébruite nonchalamment

MON AMANTE

Mon amante mon amour
ma louve virevoltant
sur les chemins et dans les champs
par-delà l'horizon de nos vies
et la frondaison de nos corps étreints
Mon amante mon amour
quelle est cette pensée qui virevolte en moi
à la seule idée de toi
de nous
m'emportant vers des contrées
farouches et inexplorées
Mon amante mon amour
venue de la nuit pour m'emmener
vers un autre jour
un jardin de libertés d'instants
en instants et d'instinct
en festins

Je t'attends
sereinement

ACARIÂTRES

Toutes ces femelles acariâtres
qui veulent la nuit en plein jour
toutes ces marâtres aigries
qui étouffent la vie à coups de dépit
Lorsque l'amour est un exutoire
la mort rôde dans une violence
tantôt muette tantôt explosive
et l'enfant subit et l'homme avale
en silence toujours en silence
Il faut obéir à l'amour perverti
à ces femelles acariâtres sans répit affamées de mort

LES SEINS AU VENT

Nue
elle ouvre les volets sur la vie
à perte de vue le soleil fabule des fariboles folâtres
Son regard affable
défroisse des volutes de Verbe sans voix
devant ses émois
                    le désir hésite
                    le désir s'interroge

Nue
elle ouvre les volets sur sa voie
les seins lichent un brin de vent volage et rafraîchissant
Son corps alléchant
renâcle et se cabre en une hésitation sans foi
devant leurs émois
                    le regard hésite
                    le regard s'interroge

Nue
elle quitte la fenêtre et le dévoile
la lumière du jour l'engloutit
à chaque coup de reins et de vent
Il est des attirances redoutables
lorsque les sens s'aspirent
tel un souffle de printemps

Nue
elle se lève et endosse sa nudité
de femme délivrée ou presque
et lui ?
Nu
il se libère lentement
de lui-même
et bande...
Et l'attend...

            Le printemps est encore engourdi
                d'avoir trop tardé

PARC DE BERCY

... Et
elle lui ouvre les portes
une à une
peu à peu
de son corps devenu sens
du sens devenu chair
à côté d'un muret torride...

Alentours la vie va
préoccupée exubérante indolente
la vie va et
elle est sur lui
la jupe affriolée
le cul nu le con cru
il est en elle
ils sont en eux

Alentours la vie va
et vient comme
elle sur lui
le soleil sur eux
ils bandent leur désir
ils jouissent sans mot dire
sous le soleil à côté d'un muret
et la vie alentours qui va

CECI EST MON SANG

Elle rompit son sexe et le donna en pâture aux souvenirs. À l'apocalypse d'une nostalgie d'ardeurs charnelles et sensuelles. Le non-désir avait chanté par trois fois près d'un Golgotha de chair et de sang, de sens en ébullition. Le temps du désir et des chevauchées débridées était révolu. Elle ne caracolerait plus sur sa verge palpitante d'émotions suffocantes.

Pour l'instant ? À jamais ? Pour les siècles des siècles ? Le désir peut être si fluctuant et si mordant dans certains corps écartelés. Dans certains esprits contraints.

Il l'avait dans la peau à en bander sous la lune avec des jappements de chien fou. Désormais il est écorché sur l'autel du non-désir. Sacrifié par un corps qui n'a qu'un soupir à son arc. Qu'une jouissance à partager.

Prenez et buvez, ceci est mon sang, le sang de la désalliance, la fin d'un lien entre deux corps et deux esprits, entre leur chair et leurs mots. Un lien de feu et de glace, de force et de dépit. Il est des amours eucharistiques. Il est des bonheurs erratiques. Et il en est des plaisirs amers comme des potions médicinales, il faut les boire jusqu'à la lie pour guérir. Et jouir d'une nouvelle incantation charnelle...

Il faut mourir pour vivre.

OBSTRUCTION

Éboulis des sens au seuil de sa grotte. Le désir est obstrué par des concrétions de frustrations. Horribles orifices suintant des remugles de soupirs dérisoires dans un lit de chair humide. Horribles orifices qui ne s'ouvriront plus qu'à des fantasmes sans queue ni tête. Elle s'est fermée. À lui. Ce n'est plus la peine de la pénétrer, la nuit est tombée sur ses mystères de grotte aussi volatile que volubile. Par ici la sortie, il ne reste qu'une échoppe de regrets et de nostalgies. De nostalgie, vraiment ? Le sait-il l'amant éconduit ? Que sait-il tout compte fait des errements d'une sylphide sulfatée ? Lui qui est déposé sur le bas-côté. Au seuil de la grotte qui s'est collabée.

Animal blessé, il remonte le sentier escarpé du devenir. Une sorte de chagrin des profondeurs alourdit ses pas, son ventre, son cœur, sa tête, sa queue, son corps. Oui, son corps. Son être. Tout son être. À un point que son être ne sait plus bien être. Ni avoir. Que voudrait-il d'ailleurs ? Que pourrait-il vouloir, à part elle, la grotte, replonger en elle, s'enfouir, se fondre en elle qui l'a régurgité sur le bas-côté ?

C'est alors qu'il la voit. En arrivant au sommet. Sur la crête. De quoi ? De qui ? Et comment ? Comment est-il arrivé ici ?

Par quel chemin ? Jusqu'où est-il remonté pour devenir ? Devenir qui ? Ou quoi ? C'est si difficile de devenir que l'on ne sait jamais véritablement comment l'on devient qui l'on est. Vous le savez, vous ?

Elle semblait l'attendre. Assise en plein soleil. Jambes écartées. Grotte béante. Riant à lèvres déployées. Elle était nue. Aussi nue qu'une vérité ingénue. Et impassible. Une grotte se ferme, une autre s'ouvre. Une grotte se dérobe, une autre s'offre. La houle incessante des sentiments drosse les corps vers d'autres désirs, d'autres soupirs, d'autres élans, d'autres enchevêtrements de cœurs. Ainsi vont les appariements de la vie. Mais qui s'en soucie ? Pas lui. Pas à cet instant-là où le cœur bondit. Où le sexe surgit. Il bande aussi soudainement qu'il l'a aperçue, le con tendu. Comme une offrande de bienvenue. Il se déleste. Il bande. Il n'en peut plus. De quoi ? De qui ? Elle déploie un peu plus l'horizon sur sa vallée velue. Il n'en peut plus. Il expulse toutes ses semences en un jaillissement d'ambre écarlate. Il jute sa déconvenue sur la grotte obstruée en contrebas. Il jute et se retourne vers la vallée transie de joie. Il va pouvoir la pénétrer, se pénétrer d'elle, du plus profond de ses mystères.

Car il n'y a que les mystères qui le fascinent, cet animal-là. Même avec du regret entre ses doigts...

Et il replonge...

LE GLAS DU GLAND

Connais-tu le glas du gland qui glose sur les girations d'une chatte velue et frisée ? Moi plus.

SYLPHE

Passer le Rubicon
et contempler la vallée
qui s'étend dans la légèreté de son être
contempler cette vie si douce et si frêle
emmitouflée dans une chair ô combien gracile
et ce regard scintillant d'un éclat retrouvé
et ce sourire pétillant suspendu entre deux fossettes qui vous
enlacent tendrement
comment ne pas être homme entre ces bras-là
comment ne pas franchir le Rubicon
d'un amour impromptu ?

Et cette légèreté qui vous enveloppe
tel un élixir de paix
au désir chaud et
transparent
ce corps d'albâtre
ce cœur de soie
qui battent à l'unisson d'un éclat libéré
au rythme de baisers d'un souffle si léger

Sylphe d'ici et d'ailleurs
qui a plongé dans mon cœur
comme un oiseau de proie comme un oiseau de joie
se donnant toute entière d'un même élan
transportée par un sexe aux ailes de papillon
et des seins qui chantent au moindre frisson
Sylphe venue telle une révélation
au seuil d'une nouvelle saison

L'amour est une âme en flammes
un bonheur déchaîné
surgi de la mémoire et du passé
pour nous emporter
Vers où ? Vers où ?
Vers nous.
Et après ?

Aimons-nous jusqu'au bout de notre nuit
Aime-moi !
Et je me glisserai dans ton souffle
ma Sylphe désarçonnante
d'envies
notre liberté en bandoulière.

DÉSIRS

Désir de ce silence qui nous enveloppe et nous pense. Désir de son regard subjugué qui caresse l'altérité. Désir de ses yeux qui pétillent l'humanité d'une candeur à fleur de cœur. Désir de ses lèvres à la pulpe de joie. Désir de sa bouche aux étreintes généreuses dardant une langue tellement vigoureuse. Désir de cet apaisement indicible qu'exhale son humilité. Désir de son désir. Désir de la savoir et de la voir femme à satiété, son sexe papillonnant au vent de l'été sous une jupe au rire évasé. Désir de son corps de sylphide élancée vers les étoiles de ses pensées. Désir d'être désiré par tant de légèreté. Désir d'être emporté dans ses bras emplis de voluptés. Désir de sa chair contre ma chair lovée. Désir de son corps que le temps n'a pas altéré. Désir de son désir. Désir de ses seins qui roucoulent sous mes baisers. Désir de son être tout entier. Désir de ses fesses émancipées et son cul éperdu. Désir de son con à peine défloré. Désir de la sentir libre dans la moindre fibre de sa peau et de son esprit. Désir de sa fougue affamée de ferveur. Désir de ses soupirs extasiés par mon ardeur à la désirer. Désir de son désir.
Désir. Désir. Désir d'une femme aussi humble que le temps qui passe, aussi fragile qu'un espoir qui trépasse, aussi douce que la caresse de l'espace, aussi simple que je suis compliqué, aussi attachée que je suis délivré. Désir d'une femme en quête de sa vérité dans le port de mes libertés.
Femme de cœur, je suis un océan dans ton lac. Et l'amour est un délicieux tourment, le sais-tu femme apparue du fond de mes égarements ? Désires-tu chevaucher un océan, femme aux ailes de vent ? Être l'amante d'un amant aussi aimant que rebelle à tout enchaînement ?
Je te désire tendrement. Je désire ce trouble que tu as insufflé dans mon entendement. Je désire te désirer intensément pour mieux voler vers mon firmament. L'amour est un délicieux tourment, femme au cœur brûlant.
Désirs vers où portez-vous nos élans ?

FIDÉLITÉ

Fidèle à soi-même
fidèles à nous-mêmes
fidèles à nos différences
fidèles à nos désirs
fidèles à nos soupirs
fidèles à la liberté
fidèles à une certaine fidélité
fidèles à la vie qui nous emporte vers notre destinée
fidèles à l'amour affranchi
fidèles à la faim qui nous a conspirés
fidèles à l'esprit de nos sens
fidèles au sens de l'histoire
fidèles à l'histoire de nos regards
fidèles au temps qui nous habite
fidèles à la nuit qui nous attend
fidèles à nos sentiments
fidèles comme de vieux aimants
fidèles au sens du vent
fidèles au rythme de nos pas
fidèles à l'heure du trépas
fidèles au port d'attache
fidèles aux appels du large
fidèles au présent de tous les instants
Mon amour la fidélité est une fleur qui fane si son soleil est éteint si la source qui l'abreuve est détournée si son être est étouffé si son désir est éreinté. Mon amour la fidélité n'est-elle pas une infidélité à soi-même ?

VARIATIONS SALINES

Première variation
Elle se penche au-dessus de sa branche dressée vers l'horizon de sa bouche évasée. Elle la prend d'une main douce et caressante qui se raffermit peu à peu. Et, tour à tour, suçote, lèche, liche, suce, caresse, cajole et branle ce chibre en chambre, du gland à la hampe raidie d'aise. Elle le lisse, le lustre, l'éclaire avec l'art d'une jouissance animée par le désir.

Il geint. Et elle gémit au rythme de ses allégories. De l'autre main, elle tourneboule posément un sein, les gonades, l'intérieur des cuisses, les fesses, avant de taquiner l'entrée de l'anus et de glisser un doigt puis deux dans le tréfonds de son fondement ravi. Il geint sous le tango de ses doigts qui orchestrent son allégresse. L'extase caracole à tout-va, c'est un carambolage des sens. Son corps se tend et se rend. Il s'élève et se répand dans la chaleur de la bouche qui l'attend et l'accueille. Il jouit par elle et en elle. Puis, elle se tourne vers lui, pose ses lèvres sur les siennes, l'embrasse et lui rend sa semence encore épanouie et palpitante de soupirs en transe... Avant de l'embrasser avec délice...

Deuxième variation
Elle embrasse lentement, longuement, chaque parcelle de sa peau, de son être, des yeux à la bouche, des lèvres aux cuisses. Chaque parcelle de chair apparente. S'attardant sur les points où culmine un plaisir plus intense qu'ailleurs. Tout son être est à l'écoute du sien. Elle l'explore pas à pas du haut de sa nudité épanouie. Elle l'explore pendant qu'il la caresse, la savoure du regard, exhalant de temps en temps des soupirs d'encouragement. Enfin, prenant la verge éplorée, du bout du gland, elle s'en effleure les seins, les tétons, comme si elle se peignait la poitrine. La pression augmente avec l'intensité du plaisir et le frottement s'accélère et la jouissance aussi. Elle masturbe le sexe entre ses seins comprimés par sa main. Et s'en frotte à nouveau, en se cajolant la chatte en même temps. Il éjacule dans des spasmes d'extases sur sa poitrine offerte, sur ses seins qui rient, tendus vers lui. Elle attend que les jets se tarissent. Ensuite, elle s'allonge à la hauteur de sa bouche et les lui offre nappés de sa semence et de son envie. Leurs saveurs mêlées l'envahissent. Il la respire, il la boit. Il se lèche. La tête enserrée dans ses bras. Avant de s'envoler vers un clitoris éploré...

Troisième variation
Le soleil joue entre les feuilles, à moins que les feuilles ne jouent avec le soleil, dessinant des allégories d'ombre et de lumière. Mille bruissements rebondissent sous la frondaison des arbres. Un ruissellement fluide rafraîchit une atmosphère presque charnelle. Ils se promènent. Sa voix à elle est comme

un gazouillis qui s'égaie sous les ramures, gorgée d'une gaieté communicative. Il l'écoute, tout en se laissant bercer par le rythme de leur balade printanière dans un sous-bois en joie. Il l'écoute et sent le désir d'elle monté en lui. Ils sont seuls, ils sont eux. Ils longent la rivière, traversent un petit pont de bois. Ils sont seuls. Elle rit à gorge déployée. Et le désir monte... J'ai envie de toi. Maintenant ? Maintenant. L'espace d'un instant il n'entend plus que les bruissements environnants. Elle relève l'accoudoir, se penche un peu, jette un rapide regard alentour, par acquit de conscience ou par réflexe, tout en ouvrant sa braguette. Sa main plonge dans les replis de tissus et en extirpe la verge en érection. Une verge rubiconde sur laquelle perle une goutte ambrée de plaisir pressant. Elle sourit. Et la caresse succinctement. Puis elle l'enjambe et s'assied sur ses genoux, écarte son string et s'enfonce avec un gémissement épris sur la queue réjouie. Ils se pénètrent. Le soleil joue avec les feuilles. Elle danse à coups de reins sur le fauteuil. La nature bruisse. Leurs sexes s'abreuvent jusqu'à l'ivresse d'une volupté qui les conduit à la liesse. Ils jouissent. Elle saisit sa tête et l'embrasse éperdument tout en jouissant, tout en jouissant. Finalement, elle se redresse et rit ardemment. Elle a les yeux d'une amante au firmament. Les feuilles jouent avec le soleil. Elle s'approche de la berge, retire sa culotte qu'elle lui lance négligemment, s'accroupit, se mouille la main et se lave rapidement l'entrejambe, en le regardant du coin de l'œil d'un regard provoquant. La verge pendouille maintenant, léchée de temps en temps par des rais solaires dansants. Lui n'a qu'une envie : qu'elle se redresse séant et qu'elle replonge assurément...

Quatrième variation
Le téléphone rougit subrepticement. Il est vrai qu'elle est offerte aux quatre vents et à la voix qui ruisselle de la bakélite. Elle est toute rue ou presque. Très légèrement vêtue. Allongée sur son canapé, le combiné à ses côtés, tout près de son oreille pour avoir les mains libres et l'entendre à la fois. Le peignoir baye aux corneilles. Elle suit les mouvements de la voix qui la guide vers la voie de son plaisir. Ses mains sont le prolongement de son désir à lui pour atteindre son plaisir à elle. Elle se caresse les seins, les palpe, les malaxe, puis roule ses tétons entre ses doigts humides. Avant de glisser le long

de son ventre et de rejoindre la chaleur émoustillée de son sexe. Toujours guidée par la voix lointaine et proche de l'aimant empli d'elle au point d'avoir envie qu'elle jouisse avec lui et pour lui, en pensant à lui, si près et si loin à la fois. Le téléphone rougit toujours. Elle se caresse le clitoris, le riboule sous ses doigts, descend l'autre main, glisse trois doigts dans son vagin. Se caresse un anus à jeun, revient vers le clitoris. Ses mouvements s'accélèrent, son souffle également. La voix est sur elle, en elle, partout à la fois. Elle jouit. Avec lui. Pour lui. C'était un jour, c'était une nuit, ou un soir, ou un après-midi. L'amour était au rendez-vous. Le désir aussi. Mais il était si loin et si proche...

Cinquième variation
Elle veut faire l'amour avec lui. Elle veut jouir ! Rien d'autre que jouir. De lui, par lui, pour lui, sur lui. De lui contre elle ou de lui en elle, ou les deux. Elle est là, devant lui. Elle l'embrasse goulûment, impérieuse, ravageuse et haletante déjà. Il n'a pas eu le temps de dire quoi que ce soit. N'en aurait pas eu envie face à un tel tsunami de désirs et de vie. Elle l'embrasse à pleine bouche, les dents s'entrechoquent, les langues se dévorent. Elle se redresse, reprend son souffle, le regard à la fois sauvage et énamouré, si follement énamouré. Puis, sans un mot, elle lui montre ses seins aux tétons écarlates afin de l'attiser un peu plus. Elle pourrait les lui tendre mais que nenni. Elle se déculotte lestement. Le découvre. Saisit sa queue déjà suppliante. L'enfourne dans sa bouche avide. La suce, la branle, le temps de retrouver toutes ses saveurs. Et l'enfourche d'un coup, voracement, comme une amante sauvage et affamée. Et l'enfonce au plus profond d'elle avec une jouissance indicible. Et la chevauche dans un claquement de cul effréné sur la chair de son amant débordé. Elle veut jouir vite et fort. De lui, en lui, pour lui. Et pour elle. Pour elle, comme jamais jusqu'à présent. Elle veut qu'il se répande en elle. Elle veut qu'il jouisse. En elle, pour elle, par elle. Elle veut qu'il la désire encore et encore, à jamais et pour toujours. Elle veut qu'il ait envie d'elle. Besoin d'elle. Oui, elle veut. Elle veut qu'il ait envie d'elle insatiablement. Comme jamais auparavant. Comme jamais. Et pourtant, elle a eu des amants. Mais jamais désirants. Vraiment désirants, se dit-elle. Elle jouit. Elle a joui très vite. Et lui également. Ils ont joui. Elle

se couche sur lui. La semence s'écoule d'elle et les enduits. Elle avait envie de faire l'amour...

Sixième variation
Elle lui tend ses seins. D'abord l'un. Puis l'autre. Tout en tenant sa tête entre ses mains. Il les câline des lèvres et du bout de la langue. Il les taquine, les aspire et les inspire, tantôt avec douceur et délicatesse, tantôt avec force et empressement. Elle gémit de plaisir et l'encourage d'une voix à vif. Elle s'enflamme. Elle le laisse l'enflammer. Puis se redresse sur un coude, s'empare de son sein à lui d'une bouche subtile et vorace, tout en le masturbant avec la science d'une maîtresse réjouie. Branle son cul tout en le suçant savamment. S'arrête, le jauge, reprend, s'arrête à nouveau le reprend un peu. Avant de se relever, d'enfiler un œuf vibrant dans son vagin ruisselant, d'enduire la verge d'un gel lubrifiant et de l'introduire posément dans son fondement. Alors seulement elle fait vibrer l'œuf nidé au fond de ses entrailles... Tandis que sa croupe entre en mouvement. En elle, c'est l'assaut des sens et des sensations. Elle est submergée. Elle ne sent même pas les spasmes de l'éjaculation dans son cul béant. Elle ne sent pas sa jouissance à lui. Son corps tout entier luit et jouit. Elle a l'extase à fleur de peau, à fleur de chair. Elle rit. Emportée par une évidence trop négligée : c'est bon de se satisfaire avec un objet de plaisir consentant, c'est bon de penser à soi à travers l'autre, c'est bon de faire rire son corps par la charnalité du corps d'autrui, c'est bon de prendre ce qui vous est donné avec gourmandise. C'est bon d'être désirée au point de pouvoir s'oublier et se répandre à volonté.
Elle éteint l'œuf et s'allonge contre son amant, l'embrasse et se blottit contre lui voluptueusement. Il fait jour, il fait nuit, il fait chaud, il fait froid, qu'importe, il fait eux. Et l'envie donne envie à d'autres envies, et le plaisir appelle d'autres plaisirs, le jour, la nuit, par temps chaud ou par temps froid. En pleine lumière ou dans le clair-obscur d'une chambre ou d'une clairière. Lorsque le plaisir n'a plus de frontières, le désir est plein d'appétit. Pensant cela, elle reprend la verge et, résolument, l'entreprend avec l'ardeur d'une insatiable Aphrodite... En fait, elle sent qu'elle a surtout envie de le mener à nouveau au firmament de sa libido, de jouer avec lui et de lui. Sur ce, elle se lève, cherche un glaçon, le met dans

sa bouche, prend la queue encore inerte et la glisse délicatement entre ses lèvres entrouvertes...

Septième variation

Ils sont au septième ciel. Dehors, le ciel est d'un bleu guilleret. Ils sont étroitement imbriqués. Seuls les frémissements de leur souffle et le chant des oiseaux les bercent. Leurs corps sont alanguis et encore luisants de la sueur de leurs ébats. Ils ont perdu la notion du temps. Il fait plein jour dans la chambre maintenant. Ils avaient commencé sous la pénombre d'une aurore pleine d'allant. Elle avait posé ses lèvres sur un de ses seins, l'esprit encore engourdi par la brève nuit qu'ils venaient de passer. Assoiffés du sang de leur charnalité, du sang bouillonnant de leurs désirs boulimiques. Sous sa main brûlante, elle sent la queue se dresser. Tu as faim ?, susurre-t-elle avant de l'embrasser avec flamme sur sa bouche engourdie et un peu pâteuse. Du sein et de la chatte à l'orange et au miel... Ça te va ? Elle pèle le fruit, déchire un quartier en deux, partage une moitié avec lui et se sert de la seconde pour s'enduire le bout de ses seins de ce suc savoureux. Les lui tend. C'est rafraîchissant. Elle gémit doucement. Puis recule, les tétons tendus. Les enduits de miel, ainsi que ses lèvres et son sexe déjà imbibé de désir. Et les lui tend derechef. Il s'en lèche les babines pendant qu'elle lui branle la trique presque distraitement, les yeux fermés et la bouche exhalant des gémissements de plaisir. Il la suce, la lèche, la liche, la défriche, l'explore, la complote à coups de langue et de doigts et d'émois et de lèvres. Et elle jouit. Et jouit encore. Et encore. Suce mes seins, dit-il. Elle le toise puis le badigeonne à son tour de la tête à la queue, de la queue à la tête. Du gland au contour des yeux. Avant de le déguster tout de miel enrobé. Sa langue virevolte sur la chair sucrée suscitant des ondes et des ondées de plaisir. Lorsqu'elle le suce avec un art consommé de geisha, elle sent une jouissance indicible l'envahir jusqu'à exploser dans sa tête lorsqu'il éjacule dans sa bouche. Elle jouit de le voir jouir, de le sentir jouir au fond de sa gorge par chaudes giclées qu'elle avale avec délices. Puis elle pose son papillon sur sa bouche et renverse la tête en arrière lorsqu'elle sent sa langue se mettre en action... Un peu plus tard, elle sur lui. Il est en elle. Et ils jouissent. Et jouissent encore... Les sens dans les nuages...

CHARNELLES ÉPOUSAILLES

La tête dans l'azur
Les seins au firmament
Ma belle de nuit vole de ses ailes éperdument

Être une jouissance sur un lit de chair exaltée

Et cette exubérance au fond de ton regard exhumé
Et cette liesse en perles d'orgasmes enivrés
Enivrés de vie de nous de tout et de toi
De toi avant tout et par-delà toi

La tête dans l'azur
La chatte au firmament
Ma belle de jour débride le désir intensément

L'amour est une ardeur délurée qui nous a pénétrés

Et ton sexe au fond de ma bouche assoiffée
Et nos corps qui s'entrelacent et s'entrechoquent à satiété
Afin de jouir d'une farandole sensuelle
À chaque instant d'une existence délivrée

DÉCLARATIONS

J'aime la vie
j'aime l'amour
j'aime la vie de l'amour
lorsqu'elle pétille au fond de ses yeux
j'aime la liberté
j'aime son esprit
j'aime la liberté de son esprit
lorsqu'elle frétille de tout son corps
j'aime la chair
j'aime le désir
j'aime la chair du désir
lorsqu'il sautille au creux de mes sens

j'aime jouir
j'aime ses ailes
j'aime jouir sur ses ailes
lorsqu'elles canaillent autour de mon sexe
je l'aime

Mon amour pour toi
c'est une soif insatiable
un désir inépuisable
une jouissance profonde
une jouissance fulgurante
une alchimie de nos deux corps
lorsqu'ils se fondent et se confondent
un déferlement d'émotions
Mon amour pour toi
un coup de foudre perpétuel.

Sylph.

LUPANAR

Dans le stupre et la luxure, sous le soleil ou sous la pluie, à bras-le-corps ou à corps éperdus, en tous sens ou sens dessous dessus, sur la croupe de nos désirs ou les flancs de nos élans, chevauchant l'aurore ou cajolant le crépuscule, dévorant nos sexes ou dégustant nos effluves, nos appariements charnels se conjuguent et se démultiplient à l'infini, insatiables et sauvages, tendres et irradiés.

L'amour est un lupanar éclatant où les corps s'entremêlent et s'entrechoquent dans le décor énamouré d'esprits déliés. Un lupanar où les humeurs jaillissent et se mélangent à grands flots, à grands jets, à grands pas, à grands tout. Une orgie de sentiments qui s'interpénètrent intensément sur un bateau de fleurs en feu.

L'amour est sur l'éclat de ces yeux qui m'enveloppent dans un luxe d'émois et de sentiments.

J'ai le corps en érection, j'ai le cœur en ébullition. Chamade, cavalcade, rigolade, embrassades, foucades vénielles.

J'ai un désir inextinguible qui soupire entre des bras qui le conspirent et l'inspirent et le respirent. J'ai un désir à n'en plus finir, à ne plus savoir que dire. Un désir d'être autre qu'un soupir éteint par une vie contrite.

L'amour est un lupanar où l'on danse sur le braquemart des sentiments avec l'outrecuidance d'un amant aimant cerné par des cons joyeux d'exister et d'être désirés à satiété ! À pleins poumons...

ÉMANCIPATIONS

Mars. Il fait beau, le soleil brûle les carreaux.
Il fait chaud au-dedans. Au-dedans de mes sentiments.
L'amour implose dans une explosion d'émotions.
Ça sent bon les prémices du printemps.
Le corps est en ébullition. Et ce déferlement de sens.
Et ce déferlement d'être. Dans une tempête émotionnelle.
Baiser. Baiser d'amour. Embrasser la vie. Jouir.
Jouir sans frein d'aimer sans fin. Mourir repu d'avoir vécu.
Mars. Il fait chaud, le soleil gloutonne derrière les carreaux.
Me blottir corps contre corps, chair contre chair.
Et me laisser transporter par la douceur des sens qui se respirent.
Me blottir désir contre le désir, plein d'une allégorie de soupirs.
Aimer est une vertu qui ne supporte que la liberté.
M'émanciper dans une érection lumineuse qui éjaculerait des rires.
M'émanciper d'être qui je suis sur le fil du devenir.
Et baiser sur l'horizon infini d'une vie que l'amour cajole.
Mars. Avril. Mai... Les sexes sont en floraison. Les esprits aussi...

TRIO

Elles sont telles des pétales de roses emboîtés à la corolle de
son corps
leurs mains dansent sur sa chair en transe
leurs mains virevoltent sur sa peau en fusion
son ciel est constellé d'une floraison de seins
son ciel est éventé par le souffle énamouré de vestales
exaltées
et leurs sexes et leurs culs et leurs yeux et leurs bouches
en pleine effusion

et son corps tapissé de leurs cheveux
il geint il jouit il chavire
elles le conspirent si bien
un bouquet de femmes au bord de l'extase
au-dessus ou à côté de lui désiré en chœur
le cœur battant
elles le prennent et se donnent
sur le lit trop petit pour des cœurs si grands
alentour n'est plus qu'écumes et halètements
il est nappé d'effluves de plaisirs
l'amour est un déferlement de voluptés
parfois
un hallali d'émois
un jour de corps en joie
!

ELLES

Voir cette douceur incommensurable et si sensuelle
d'une sensualité à fleur de corps et de cœurs
voir ces corps se danser dans une volupté intense
et douce si douce et tellement féminine
voir ces seins qui s'embrassent et se cajolent
et ces mains fluides qui encensent la chair
la chair de leur chair dans un encorbellement de peau
voir ces doigts qui se cherchent et s'explorent
au plus intime au plus profond avec la subtilité
d'une connaissance innée se déployant dans l'extase

Regarder à satiété le mouvement gracieux
de ces émois qui s'enlacent et se délacent
le cœur débordant et le corps transi
à bout de souffle à bout d'amour à bout de désir
subjugué par ce corps à corps si fort et si léger
si beau et tellement exalté qu'il en est exaltant
avant de s'abandonner à leur voracité
sur un lit baigné de soleil et de liberté

Rien n'est plus beau qu'une femme qui jouit...

FEMELLES

Dans un flot femelle porté par un désir inconditionnel
jouir d'être soi d'être l'homme que l'on a toujours été
rompre les amarres et plonger dans cet horizon femelle et déluré
si vrai et si libre que le cœur et l'esprit ne peuvent que chavirer
sous un flot femelle déchaîné et rayonnant
l'amour est cannibale lorsque les corps exhalent leur voracité
baise-moi baisons-nous baisez-vous pour jouir jusqu'au bout
qui sommes-nous après tout que sommes-nous avant tout
la quintessence de nos désirs et la fragrance de nos soupirs
je suis un mâle nécessaire à moi-même

GRENOBLE

Cimes enneigées
engoncées dans une pluie grise et brumeuse
remous de l'Isère qui crépitent sur les rives
au pied d'un lugubre quartier italien
et ces restaurants si accueillants aux liqueurs joyeuses
et elle si pleine d'allant d'élan de douceur et de désirs
de vie qui m'inspire et de tendresse qui m'émeut
elle et ses yeux et son corps et son cœur
son cœur qui m'éclot et m'enclot d'amour et de libertés
elle à mes côtés qui chemine et se délivre
par elle séduit et conquis jusqu'à en pleurer
le corps léger en proie au bonheur d'aimer et d'être aimé
dans les bras de son rire nubile chantant et ensoleillé
au milieu de cimes qui suintent à gorges déployées
comment ne pas l'aimer ?

BOULEVERSÉ

Bouleversé
au plus profond de l'être
du plus profond de soi
par une femme sans paraître
une femme qui ne semble que joie
qui n'est que joie
dans la transparence de son sourire
et l'ardeur de son humanité

Bouleversé
par l'amour qui s'offre
à travers un cœur déployé
sur un horizon inespéré de vie et de liberté
les mains pleines de largesses
et le sexe en liesse
dans une abondance de bonheur
et de ferveur au bord d'un chenal énamouré

Dites-lui que je l'aime sans mesure !

CORPS DÉSIRS

Ce désir qui m'emplit à chaque souffle de son être épris. Ineffable désir désirant d'une fougue irrépressible. Ce désir qui s'invite d'une caresse, d'un baiser ou d'un regard irrésistible. Désir gourmand qui s'empare de ma chair à bras-le-cœur sur l'horizon infini de nos corps. Dans un corps à corps à cœurs éperdus. Ce désir si insatiable que le temps semble chétif. Désir dansant sur mon corps au gré de ses doigts festifs.
Ô ce désir à fleur de peau, à fleur de vie, à fleur de cœurs, à fleur d'envies, à fleur de toujours, à fleur de corps, à fleur de soupirs, à fleur de rires, à fleur d'amour, à fleur de jour et de nuit, à fleur de « je t'aime » et d'héliotropes en fleurs.

Et ce corps élancé, flamboyant et léger, ce corps qui n'en finit plus de s'extasier et de s'offrir à ma vitalité. Ce corps aux

multiples jouissances comme une réjouissance que le bonheur vient tout juste de déflorer. Ce corps radieux qui caresse mon regard de sa charnalité à peine effleurée. Ce corps de sylphe généreux et doux que la vie a mené vers les berges de mon être à l'apogée. Le pénétrer jusqu'à l'encenser.
J'aimerais l'envelopper et le couvrir de baisers, ce corps au cœur irradiant. L'habiller de mots énamourés en dentelle de joie et le dévêtir d'un simple regard posé sur ses émois. J'aimerais lui dire la plénitude lumineuse de ses yeux. Lui décliner l'amplitude de mes émotions en joie.

J'aimerais la séduire et la conquérir. Éternellement.
Que le désir nous emporte, femme tropicale ! Femme animale ! Femme fanal ! Femme bacchanale !
Je l'aime ! Je la désire ! Je la conspire !
Dehors, le soleil soupire ardemment. C'est le printemps.
Dedans, le bonheur inspire intensément. C'est le firmament.

DÉSIRE-MOI

Ma douce exubérance
sise sur ma hampe d'abondance
désire-moi
que nos sens s'élancent aux confins de notre amour
je vis je meurs le jour la nuit toujours
emporte-moi ma douce exubérance
ta joie au fond de moi et tes lèvres sur mes silences
je n'aime que toi au-delà de mes absences
perdu sur un horizon où le présent chancelle avec émois
désire-moi
que nos corps s'enlacent dans le foyer de notre amour
je ris je pleure ici ou ailleurs toujours
emmène-moi ma douce exubérance
ta chair en partance vers mon corps d'abondance
quelque chose en moi danse
lorsqu'à toi je pense assis sur la margelle d'une stance
qui conte une vie aussi foisonnante qu'une symphonie
celle d'une douce exubérance qui épouse

nos connivences et mes errements de blues

Ton corps
ta chair
le cœur de ta chair
ta nudité tout juste déflorée
que mes yeux effleurent avec humilité
tes seins
ton sexe
la chaleur la profondeur l'ardeur
de ton sexe
autour du mien sur ma bouche
sous mes lèvres sous ma langue
et mes mots qui tanguent
et se raccrochent au bastingage de ton désir
de ton plaisir comme une jouissance déferlante
qui nourrit le jardin de mes soupirs
désire-moi
dans un halètement insatiable
nos corps entrelacés en un fougueux baiser

Je veux te jouir !
Et te vivre paisiblement.

Approche
Approche-moi de toi
Approche-toi tout contre moi

Regarde
Regarde mes yeux posés sur toi
Regarde-toi au plus profond de mon regard

Serre-moi fort tout contre toi

Écoute
Écoute mes mots glisser sur toi
Écoute-moi te murmurer ce que sera l'instant d'après.

L'instant d'après, l'éclatement de tous nos sens

mon corps sur ton corps, brûlant de ce désir que je n'ai que pour toi
L'instant d'après, le plaisir fulgurant
nos êtres submergés par le plaisir intense
L'instant d'après, mon souffle sur tes lèvres
qui te donne la vie.

Sylphe.

MON HÉRISSON

Les sens recroquevillés au plus profond de son essence
le corps étreint de se sentir délaissé
et le froid qui suffoque les velléités d'y croire
il est loin elle est seule
sous la grisaille frileuse d'un matin d'avril
l'amour s'interpose
le corps éteint par des filets de pensées
elle s'est enroulée autour de son âme
apeurée de le savoir trop loin peut-être
et les jours qui n'en finissent plus de passer
et sa chair morose qui s'interroge en vain
il est des chagrins de hérisson un jour de frisson
il est loin si loin et si près pourtant
l'amour est une moisson sans horizon
un souffle sans saison ni frontière
une berge au bord de l'Amour...

VESTALE DÉCHAÎNÉE

Inondation des sens. Déferlement des émotions. Emprise du désir. Soumission de la chair au flot des sensations.
Subjugués. Ils sont subjugués. Par la déferlante de leurs soupirs. Des soupirs impossibles à combler.
Sous ses doigts inextinguibles, il s'incarne peu à peu. Et peu à peu le plaisir quitte la surface de sa peau pour le pénétrer. Le plaisir s'enfonce en lui, débordant son esprit. Enfin. Même si c'est avec peine. Et dépit. Le plaisir peu à peu devient lui. Jusqu'à la jouissance. Jusqu'à l'inondation des sens. Et son corps groggy, et son corps réjoui, oublie alors ses

meurtrissures. Pour un instant au moins, il est homme. Il est l'homme enfoui sous un fantôme. Il sent son sexe. Il le sent roide et pénétrant. Elle le sent vivre en elle. Il est l'homme qu'un passé avait démoli. Castration mentale. Impuissance vitale. Il sent son sexe s'enfoncer au plus profond d'elle. Et jouir.

Inondation des sens. Interrogation des corps. Et ce désir inextinguible. Enveloppement de lumière dans un halo de chairs.

Haletants. Ils sont haletants. Le temps en suspens vibre en eux. Ils ne sont que désirs. Ils ne sont que vie.

HOMME

Homme
singulier et pluriel
si pluriel
qu'il en avait perdu les ailes
de la vie
celle qui se construit à chaque pas
à chaque souffle à chaque cri
Homme
singulier à lui-même
si singulier
qu'il en avait oublié les ailes
de sa vie
celle qu'un certain passé avait détruite
à bras-la-mort à coups de corps blême
Homme
singulièrement pluriel
si pluriel
que l'amour l'a submergé de ses ailes
pleine de vie
celle qu'il a failli perdre la gorge serrée
par un étouffement induré
Homme
singulier et pluriel
je suis
et je veux rester
les bras chargés d'amours
et de Vie

POURQUOI JE PARTIRAIS

Pourquoi je partirais
je suis libre
libre d'être le soleil de moi-même
libre de vivre le cœur de mes désirs

j'ai faim d'horizons
l'amour m'enveloppe d'un tissu de chair et de sens

Pourquoi je partirais
je suis vivante
vivante à mourir de plaisir
vivante à n'en plus finir

j'ai soif de ressentir
le désir me submerge d'un halo de vie et de rires

SUFFOCATIONS CHARNELLES

Ce cœur trop près
ce corps trop loin
et leur chœur qui bat à tout rompre
à rendre la voix aussi insupportable que l'espace qui les sépare
la dénuder la mettre à nu la mettre à vif la chair en feu la chair en joie
la baiser l'embraser l'empaler l'emporter l'époustoufler
la jouir les seins caracolant nichons au vent nichons nichés sous ses dents
et sa bouche et sa bouche sur la queue implorante qui se vide en rendant les armes sous les assauts de ses extases la verge qui diverge sous les sensations qui l'assaillent avant de plonger au fin fond de ses entrailles en flammes
Ce cœur trop près
ce corps trop loin
le désir est une chair écartelée lorsque l'espace engloutit les corps sans la moindre compassion

le manque est un embrasement de tous les instants à fleur de peau à fleur de sens
il pleut averse dans une moiteur aride dans une moiteur avide au bonheur de son con jouir et s'endormir sous le pont de leurs soupirs
entre le pont Neuf et le pont Mirabeau là où coule la scène de leurs élans
être amants est parfois un déchirement
ils ne le savent que trop bien
Elle ouvre son con il tend sa queue
ils aiguisent leurs envies de chairs et de halètements
en attendant
en attendant...

JOUISSANCE

Bouillonner d'ardeur dans sa conque incendiée
par un bambou incandescent d'où jaillit une semence extasiée
Leurs sexes rugissent sous une lune rousse comme le pigment de leur chair affamée
ils jouissent de tous leurs corps saouls
dans un enchevêtrement de culs et de sens
Douce concupiscence folle concupiscence
entre des bras et des regards en transe
sauvagerie des corps qui se chevauchent jusqu'à l'orgasme de leurs caresses
Baiser à deux à trois comme des enragés
sous l'étendard écarlate du stupre et de la foi
ivresse de la chair qui appelle la chair jusqu'au sang du sens
Jouir insatiablement jusqu'à s'évaporer dans l'autre
jusqu'à l'absence de raison
Le Désir est une folie sans horizon
où l'avidité des sexes tient lieu de saison
Suce-moi avant de m'engloutir dans notre tréfonds

CORPS ENCORE

Gémissements modulés
de petits cris vivaces
soupirs haletants au creux du lit
il fait jour ou peut-être nuit
ils perlent de désirs ineffables
sur le fil d'un temps sans âge

NEIGE

Engoncée sous la neige
la terre frémit
sous les frimas de l'hiver
mourir à soi
pour renaître à l'autre
à l'autre en soi
à soi en l'autre
l'amour est une joie
et une peine à la fois
Je n'aime pas la neige
qui recouvre ma liberté
ma tendresse balbutiante
mon désir ébouriffé
Je n'aime pas la neige
elle ensevelit mes émois
dans un linceul
à la froidure étincelante
Mourir à soi
pour renaître à qui ?
Les congères boursouflent le sol
telles des circonstances atténuantes
dans un cœur qui se laisse désirer
Je n'aime pas la neige…

NEIGES ÉPHÉMÈRES

Chapes de neige comme du plomb qui crisse sous les semelles. Les mamelles du temps s'égouttent dans un silence éblouissant. Réverbère infini et glaçant où se reflète l'hiver de mes sentiments. Je suis un amant chancelant sous le poids de ma neige. Quelle est cette mort qui s'approche ?
C'est l'hiver des sentiments. Et l'enterrement des certitudes, des ultimes certitudes brassées par une incertitude dévorante qui refroidit les dernières illusions d'un bonheur possible. Il fait froid en moi. Désespérément froid. Quelque chose est mort en mon for intérieur.
La liberté est ailleurs. Ma liberté est ailleurs.
Dans la solitude d'une destinée âprement conçue…

Janvier 2010-janvier 2011

JE SUIS ENCORE VIVANT

Le ciel s'ouvre
sur un nouveau jour
ou un jour nouveau peut-être
qui peut savoir
pas moi plus moi
je sais uniquement que
je suis encore vivant
Un amour s'en va un autre viendra peut-être
comme un jour nouveau
porté par une nouvelle espérance
car l'amour
même éphémère
est une espérance ravivée
je suis encore vivant
La neige se dissout en une boue de sentiments
il faut que je bouge que je réveille mes élans
la grisaille ronge les moindres égarements
d'un esprit qui se libère d'une motte de peur
je suis encore vivant

AVANCE !

Continue
résiste
avance
avance
relève-toi
la vie est devant toi
toujours devant toi
avance
avance
la vie n'est pas une romance
résiste
à cette envie de ne plus résister
de trouver la paix dans la fin
non la paix éternelle
l'éternité c'est quoi
continue
continue
redresse-toi
et avance
jusqu'à la lumière
il y a toujours un coin de lumière
sous l'absence
toujours un coin de lumière
après l'oraison
avance !

SUR LE REBORD DE LA FENÊTRE

Ne biaisons plus
baisons
sur un lit cru
le cul à cran
La vie est un long rut agonisant
les sentiments en dents de « si ».
Quel est ce désir de femmes
de chair en flammes

de soupirs qui s'acclament
à corps et à cris ?
Quelle est cette envie de vie
qui chevaucherait mon âme
empalée sur une bite réjouie
par l'odeur des sens qui crament ?
Ne biaisons plus
baisons
avec cette volupté éperdue
des amants qui ont <u>tant</u> vu !
L'amour rangé sur le rebord de la fenêtre…

AVEU

Sentez-vous la chair qui crisse sous les dents
surgie du fond du néant ?
Cette chair ravaudée par le temps
qui suinte encore par moment
Voyez ce corps si pantelant
qui émerge très lentement
de la mort que sa vie draine inexorablement
de la mort qui insiste résolument
Voyez son sexe tout chancelant
la vie est une rengaine assurément
mais du désir naît toujours un jaillissement
qui éclabousse tous les refoulements
Sentez-vous la chair qui s'émancipe sous les dents
d'une maîtresse légère comme ses élans
elle a des caresses pleines d'allant
Voyez-vous je crois que je tiens à la vie décidément
une vie où l'amour se cache à chaque tournant
sous la forme d'une femme nue jusqu'au sang

DORMIR

Dormir et mourir dans un souffle d'air
aller ailleurs ou nulle part
qu'importe
mais partir pour ne plus souffrir
cramoisi par l'asphyxie
n'être plus que la putréfaction
de ses tourments tellement lancinants
que la folie submerge l'envie
de vivre de vivre de vivre

JE SUIS CELA

Vie à vif
esprit à feu et à sang
embrasement des sentiments
dans une déflagration d'émotions
le sens des mots
d'amour
de désir
le sens d'un destin
qui s'inscrit dans l'au-delà
de l'indicible
je suis tout cela
et plus encore
Toutes ces femmes qui gravitent
autour de moi
m'enlacent de leur regard
de leur chair transie
de leurs seins émouvants
Toutes ces femmes qui épanouissent
la fougue de mes exubérances
dans un flot continu de cœurs
en partance
et cette symphonie de séductions
sur le fil de mon irrévérence
je suis tout cela

et bien plus encore
J'ai envie de plonger en elles
comme dans un bain
de jouvence émotionnelle
et de jouissances plurielles
je suis tout cela
depuis que je fais corps
avec mes émois

LE LOUP

Solitaire
à cheval sur la vie et la mort
il chevauche l'instant
cet instant qui contient son éternité
à chaque pas à chaque élan
souffle
qui embrasse l'horizon conquis
de son espace empli d'une vitalité
à cœur et à cris d'alouette
il est le jour et la nuit confondus
une étincelle
qui embrase le regard séduit
d'une femme au corps épris
par la caresse de ses yeux
solidaires et plein de vie
Sur la margelle de sa chair émancipée
il prie et jouit
son âme s'égaye dans une meute de femmes

QUI

Il veut un bouquet de femmes
sur le rebord de sa vie
il veut une brassée de seins
au creux de son œil en vie
il veut une poignée de cons
entre ses lèvres qui sourient

il veut une flopée de désirs
contre sa chair à peine meurtrie
et une pincée de soupirs
à corps et à cris

Qui sont ces cœurs accoudés à l'horizon ?
Qui sont ces corps imbriqués d'émotions ?

Elle est devant lui
il la veut
nue et en feu
maintenant et à jamais
passionnément
sur un lit de pensées en fleurs
sentir rugir son sexe
en elles
dans un geyser de plaisirs
avant de s'effondrer pantelant
entre les bras déployés de l'en-dedans

Qui sont ces sexes saoulés d'aise ?
Qui sont ces éphèbes qui baisent ?

Le vent
le vent et la pluie
avant le soleil
ce soleil qui nous unit
de loin en loin
de temps en temps
dis m'aimes-tu encore
me désires-tu toujours

      je reçus un nuage
           en écho…

C'est ça l'amour figurez-vous !

QUÊTE

Je cherche les méandres de mon âme
sur les fondements de ma chair
j'ai le corps en charpie
le corps en charpie dit l'écho
ombre et lumière
je me sens fœtal
je me sens nubile
je me sens viril
je suis
l'ombre de ma lumière
qui vacille
la lumière de mon ombre
qui frétille
j'ai des désirs de femmes
sous ma chair qui s'enflamme
ma chair qui s'enflamme dit l'écho
je suis une lueur qui chancelle
sur les fonts baptismaux
de mes doux oripeaux
je suis la nuit
peut-être ou peut-être pas
je cherche la vie
dans les guenilles d'une mort en lambeaux
de chair en sang
embrasse-moi
de tes lèvres au plus fort
de mes soupirs
caresse-moi
de tes mains au fil
de ma peau
je me sens fœtal
je me sens nubile
je me sens viril
et beau

FÉMININES

Flatulences féminines
sur le bord de la piscine
les nuits sont en rut
les jours caducs
je coule
dans le sillage de leurs sillons vulvaires
j'avance la tête à l'envers
entre des seins à peine pubères
dans un champ de luzerne
et de pâquerettes en berne
je nage
sur des chairs veloutées
par une volupté sans frontières
convergences féminines
sur le bord de mes pupilles
je suis en rut

ÉCLOSION DE FLAMME

A Marion

Aimer
ce cœur qui vous séduit
envelopper son visage
d'un regard conquis
s'éprendre d'elle
femme-fleur
si douce et si belle
la prendre dans ses mains ou continuer son chemin
s'éloigner de cette âme élancée sous les cieux
dans l'onde d'une nuit satinée de bleu
ou s'allonger à ses côtés
le temps de s'apprivoiser

Ma douce
le temps n'est un dilemme que pour les indécis
l'amour ne compte pas
il vit

il est ou n'est pas
vibrer à chacun de ses pas
et attendre
confiant
demain est si loin
sous le fronton des esprits
sentir
le cœur qui respire
d'aimer
juste aimer
l'envie d'exister
parfumé par sa voix

RENCONTRE

À Marion

Ses yeux écoutent son cœur
il bruisse des saveurs en fleurs
elle entend la vie naître
est-ce le bonheur
qui cascade ainsi dans ses fous rires
         ?
Embrasser ses lèvres si loin et si proches
ses lèvres ourlées de sourires
et ses seins suspendus à mon désir
seins si proches et si loin
de ma bouche en satin épris
         …
Courir
sous la frondaison du tant
l'esprit léger comme un vol de cygnes
dans un ciel d'amants
en partance d'être
         .
Pétales qui s'ouvrent
sur une corolle béante
d'où bruine la jouissance
sur le lit de nos cœurs
en silence

...
Nous fondre au plus profond
de nos vies infinies
sans nous confondre en vain
le lien fait le chemin
embrasse-moi
!

JE L'AIME

Beauté difforme d'un corps informe
animé d'un mouvement éternel
je suis ma propre éternité
contemplant ses jambes infinies
qui s'échappent
d'une minijupe
je me sens beau
dans
ses yeux
surgis de l'horizon

Beauté élancée d'un corps effilé
à l'Aurore de sa féminité
éclose
pas à pas
dans le regard
d'un homme en transit
un mutant intensément
amoureux
d'une femme
rayonnante de vitalité
et de vie

Je l'aime
Dieu que je l'aime
je ne devrais peut-être pas
ou je dois
suis-je un anathème ou un bohème
entre ses bras

l'aimer le temps de nous épanouir
sous le baobab de nos sourires
et courir
avec elle sous le soleil
dans la lumière
de notre devenir

Je l'aime
!

MARA LI

Écoute le Verbe
nymphe de chair et de sang

Que ta grâce féminine
qui s'épanouit au fil de mes yeux
s'égaye vers les cieux
tel un corps irradiant

Écoute le Verbe
nymphe de chair et de sang

Tu as été belle
éternellement
depuis que le temps est temps
dans le lit des jours et
le cours des nuits à venir

Écoute le Verbe
nymphe de chair et de sang

Tu es ton propre enfantement
femme unique et singulière
dans le champ de primevères
que moissonne ton aimant
en souriant
à la fin de l'hiver

Écoute le Verbe
nymphe de chair et de sang

Tu es ta propre lumière
ce souffle de vie
qu'insuffle la Terre
à ton corps de désir
et de vie
à l'orée d'une émancipation
femme incarnée et sensuelle

Écoute le Verbe
nymphe de chair et de sang

Pendant que j'embrasse
le firmament
qui nous a engendré
aussi intensément
que tendrement
chevauchant le grand large
tel un dauphin
sur nos halètements

AIMER CE SEXE

Aimer ce sexe
meurtri par l'impie
        aimer cette corolle
        musquée par l'envie
                aimer ce corps de chair
                affamé de vie épanouie

    aimer ce cœur nu
                                à
l'aube de son désir

        aimer ses seins épris

      d'allégresses éperdues

Femme
jusqu'au plus petit sourire
Femme
dans ses moindres soupirs
Femme
jusqu'à en jouir

        Volupté
    de la douceur d'aimer
            et
       d'être aimé
        volupté
     du désir partagé
      à en frémir
     de jouissances
       volubiles
        volupté
       sexe-moi
   sur le toit convexe
  de nos émois complexes
           et
      si évident
       à la fois

         Mara
       aime-moi
entendit-il dans l'onde ambrée
       d'une nuit
          Li
  où la lumière se fait
      sans bruit

Femme
jusqu'au plus petit sourire
Femme
dans ses moindres soupirs
Femme
jusqu'à en jouir

RECONNAISSANCE

A Ève

L'éclosion des cœurs
éveille les corps
sous le soleil
de l'Éternité
Danser
danser à perdre haleine
dans les bras d'un amour
révélé sans peine
la nuit se fond dans le jour
danser
dans les flammes du désir
qui nous relie
le jour pénètre la nuit
danser
comme deux amants
de toujours
l'Éternité
du soleil se déployant
sur nos corps éveillés
par l'éclosion de nos cœurs

Il est des esprits
qui s'enchantent
sous un olivier

13 mars 2011

FACÉTIE

A Marion

La nuit est claire
Le jour est bleu
La mer est belle
Au fond de ses yeux
Elle est si jeune
Elle est si vieille

Sur la vague verte
D'un océan alerte

Quelle est cette facétie de la vie
qui nous réunit au creux du lit ?

Le temps est gris
La lune est rousse
Elle est si douce
Elle est si forte
Sur l'horizon infini
De nos regards accorts

Quelle est cette facétie de l'amour
qui nous emporte au long cours ?

ÉTOILE FILANTE

A Marion

Baiser avec la première étoile venue
en hurlant sous la lune sans retenue
un trop-plein de ruts
si longtemps contenue

Puis arracher avec élégance
les étoffes de cette engeance
si belle que mon sexe danse
avant de plonger en silence

Ah ! Jouir avec verve sur l'onde
vive de leurs corps qui fécondent
l'extase charnelle et ronde
d'orgasmes qui se confondent

DÉCOUVERTE DE SOI

A Marion

Elle l'embrasse au coin des lèvres.
Elle est déconcertée par cet impromptu sensuel, malgré elle.
Un peu confuse même.
S'apprête à se rétracter mais ses lèvres glissent et se posent sur la bouche douce et chaude.
Qui l'attendait sans l'attendre.
Le baiser est langoureux et tendre.
Elle se surprend à le goûter.
Pose une main sur sa poitrine.
Comme pour s'y raccrocher.
La plus câline.
La chair est veloutée et ardente.
Elle frémit sous sa paume.
Elle le ressent avec étonnement.
Sa main se meut timidement.
Sur la poitrine éprise assurément.
Le baiser se prolonge.
Tel un songe.

Elle s'éloigne finalement.
Ils se sourient.
Elle se lève.
Se déshabille.
Sans un mot.
S'allonge contre lui.
Peau à peau.
Ils s'embrassent avidement.
Au gré de caresses qui redessinent la chair de leur élan.
Et leur mystère…
L'amour, c'est évident comme les sentiments !

MARA

L'amour est une symphonie en si majeur
si tu ne m'aimes pas je t'aimera en chœur
si la Terre est ronde nous ferons le tour du monde
caracolant sur nos sentiments
tels deux amants du vent

L'amour est une sonate à quatre mains
et deux corps qui virevoltent pianissimo
sur la liberté et l'entrain de leurs émois
dans une allégresse en ciel fortissimo

L'amour c'est toi
cette femme qui éclot à soi
si loin et si proche de moi
si présente et si éloignée à la fois

L'amour c'est toi
si grande et si belle
dans ta féminité en devenir
au fond de nous

L'amour est une musique
qui s'égrène sous nos doigts
un jour tu seras entre mes bras
si loin et si proche de nous

JE PENSE À ELLE

A Mara

Dès l'aube je pense à elle
jusqu'au crépuscule je pense à elle
dans mon sommeil je pense à elle
la nuit le jour du soir au matin
je pense à elle
à chaque hirondelle au creux du ciel
je pense à elle je pense à elle
quelle est cette fredaine qui me lape
les sens dès que je pense à elle

je l'aime
que m'importe demain
je la tiens entre mes mains
au fil de mes mots qui se nourrissent
d'elle de sa voix de sa chair émancipée
et de la vie qui nous veut
sur l'horizon d'un amour
qui se cherche sans détour
mais qu'importe demain est un autre jour
je l'aime
comme on aime un destin qui se dessine
à contre-jour
je l'aime
je pense à elle en pleine lumière crépusculaire
dehors il fait soleil…

EMERVEILLEMENT

A Marion

S'émerveiller à chaque instant de l'instant qui vient d'être bu
de l'éternité qui nous unit et nous conduit pas à pas
sur la voie d'une vie suspendue à nos échos impromptus
j'attendrai
sur le seuil de ta porte
le temps qu'il faudra pour que l'amour l'emporte
chaque jour est un émerveillement qui tisse l'horizon
que nos émois exhortent
tu es si belle dans ta propre lumière qui s'éveille
en nous
et ton corps de chair et de sang
de sens et de présence
et tes seins en fleurs que ta féminité révèle
à la caresse de mes yeux
mon regard va si loin sous ta peau
qu'il frôle parfois les pétales de ton orchidée
nichée sous une toison duvetée
l'amour est une merveille
qui nous est donné
au détour de la liberté

REGARD AMOUREUX

Insatiable
la contempler nue
reflétant sa beauté
au fond de mes yeux
qu'elle se voie belle
telle qu'en elle-même
femme-hirondelle
dans mon regard amoureux
qu'elle se sente femme
entre mes bras langoureux
qu'elle rayonne la lumière
du désir qui me ritournelle
j'ai envie d'elle sur un lit
de fougère en fleurs
nue jusqu'au bout du cœur
enlacée par mes yeux
insatiables

À MARION, À UNE FEMME, AUX FEMMES

Je quitte l'ombre pour ma lumière. J'ai vécu, je peux vivre maintenant. J'ai toute ma liberté devant moi. Et ma vie entre mes doigts. J'ai envie d'amour. De caresses. De baisers. De soupirs et de désir. De rires et de jouissance. À partager. J'ai envie de beauté sous un ciel printanier. J'ai envie de toi. De nous. De vous de tout. De tout ce que la vie met à portée de mes chevauchées estivales. Je suis si jeune, je suis si vieux. Je me sens libre sous mes cheveux. J'ai trouvé le Nord. Je suis éternel sous le soleil qui m'a donné le jour. Car j'ai trouvé la voie de mon éternité sous une Lune d'amour. J'ai cherché longtemps sous les décombres de mes pénombres trépassées, j'ai exploré presque tous les recoins de mes détours affectifs et sensuels. Pour trouver à l'orée d'un chemin, la vérité de mon destin. Je suis désormais. Et toi ? Et nous ? Et vous ? Je suis libre d'aimer sans fin. Je suis au commencement de l'allégresse ! Ris !

ÉPANOUISSEMENT

La nuit le jour
où va l'amour
il est si frêle
au petit jour
il est si doux
en son jardin
il est si fort
dans notre corps

J'aime. Je désire. Je soupire. De jouir.
Entre ses bras. Entre mes draps.
Je l'aime. Je la désire. Je la soupire. De la jouir.
Entre le ciel. Entre la terre.
La vie bascule vers d'autres univers.
Cette vie de chair et de vibrations majuscules.
Cette chair à fleur de peau tous sens déployés.
Il y a de la tendresse dans les caresses.
Il y a de l'alacrité dans certaines libertés.
Il y a de l'avenir dans quelque présent.

La nuit le jour
où va l'amour
il est si frêle
au petit jour
il est si doux
en son jardin
il est si fort
dans notre corps

Je crois. Je veux. Je peux. Je dois.
Prendre l'amour à bras le corps.
Je le crois. Je le veux. Je le peux. Je le dois.
À tout ce qui fait foi chaque matin.
La vie est un chemin. L'amour est son horizon.
Rien n'est plus beau qu'une femme dévêtue.
Rien n'est plus bon qu'un baiser éperdu.

Rien n'est plus libre que deux corps qui se livrent
à une étreinte charnelle sur les rives du Tibre.
Quel est ce bonheur qui m'enivre ?

La nuit le jour
où va l'amour
il est si frêle
au petit jour
il est si doux
dans son jardin
il est si fort
dans notre corps

Du même auteur

Autobiographie
À contre-courant, 1ᵉ édition, Desclée de Brouwer, 1999. 2ᵉ éditions, Worms, Le Troubadour, 2005 (épuisé).
En dépit du bon sens : autobiographie d'un têtard à tuba, préface ONFRAY M., Noisy-sur École, L'Éveil Citoyen, 2015 (épuisé)

Poésie
Toi Émoi, Worms, Le Troubadour, 2004
Corps accord sur l'écume Worms, Le Troubadour, 2010
Ikebana effervescent, Worms, Le Troubadour, 2012
Le jeune homme et la mort, Worms, Le Troubadour, 2016
Les chemins d'Euterpe, Autoédition MN, 2018
Divins horizons, Autoédition MN, 2020
Femmes libertés, Autoédition MN, 2021
Allègres mélancolies, Autoédition MN, 2021
Les foudres d'Éros, Autoédition MN, 2019
Sérénité, Autoédition MN, 2019
L'existentialisme précaire d'un têtard pensant, Marcel Nuss, 2018
Chroniques poétiques, Autoédition MN, 2021
Le quotidien des jours qui passent, Autoédition MN, 2020
Aveux de faiblesses, Autoédition MN, 2022
Récoltes verticales, 1999-2002, Autoédition MN, 2022
Élégie sans lendemain, 2002-2008, Autoédition MN, 2022

Essais
La présence à l'autre : Accompagner les personnes en situation de dépendance, 3ᵉ édition 2011, 2ᵉ édition 2008, 1ᵉ édition 2005, Paris, Dunod.

Former à l'accompagnement des personnes handicapées, éditions Dunod, 2007 (épuisé).
Oser accompagner avec empathie, préface COMTE-SPONVILLE A., Paris, Dunod, 2016
Je veux faire l'amour, Paris, Autrement, 1ère édition 2012, Autoédition, 2e édition 2019.
Je ne suis pas une apparence, Autoédition MN, 2021

Romans érotiques
Libertinage à Bel Amour, Noisy-sur-École, Tabou Éditions, 2014 (épuisé)
Les libertines, Paris, Chapitre.com, 2017 (épuisé)
Le crépuscule d'une libertine, Paris, Chapitre.com, 2018 (épuisé)

Réédition en version originale :
La trilogie d'Héloïse, Autoédition MN, 2021
    1 Con joint
    2 Con sidéré
    3 Con sensuel

Nouvelles
Cœurs de femmes, Paris, Éditions du Panthéon, 2020
Ruptures, Paris, Éditions Saint-Honoré, 2021
Incarnations lascives, Autoédition MN, 2021

Sous le pseudonyme de Mani Sarva
Horizons Ardents, Paris, Éditions Saint-Germain-des-Prés, 1990 (épuisé).
Divine Nature, prix de la ville de Colmar 1992, Éditions ACM, 1993 (épuisé).
Le cœur de la différence, préface JACQUARD A., Paris, L'Harmattan, 1997

Essais en collaboration avec :
COHIER-RAHBAN V. *L'identité de la personne « handicapée »*, Paris, Dunod, 2011

ANCET P. *Dialogue sur le handicap et l'altérité : ressemblance dans la différence*, Paris, Dunod, 2012

Essais dirigés par l'auteur
Handicaps et sexualités : le livre blanc, Paris, Dunod, 2008
Handicaps et accompagnement à la vie sensuelle et/ou sexuelle : plaidoyer en faveur d'une liberté !, Lyon, Chronique Sociale, 2017